Volkmar Höhn

Simon Petrus alias Peter Schimonon im 21. Jahrhundert

Novelle

Volkmar Höhn

Simon Petrus alias Peter Schimonon im 21. Jahrhundert

Novelle

Rediroma-Verlag

Bibliografische Information der Deutschen Nationalbibliothek:
Die Deutsche Nationalbibliothek verzeichnet diese Publikation in der Deutschen Nationalbibliografie; detaillierte bibliografische Daten sind im Internet über http://portal.dnb.de abrufbar.

ISBN 978-3-98527-496-3

www.rediroma-verlag.de
9,95 Euro (D)

Inhalt

Vorwort

Simon Petrus hatte in den Wirren der Christenverfolgungen im ersten Jahrhundert sein Lebensende in Rom gefunden. Er war ein leidenschaftlicher Verkündiger der Christusbotschaft. Er kam damals nach Rom, um die Christen, die sich schon vielfach in den Katakomben verstecken mussten, zu unterstützen und geistlich anzuleiten. Seine Erlebnisse und Erfahrungen mit Jesus von Nazareth gaben den Christen in Rom die Kraft zum Treuebekenntnis ihres Glaubens, das leider viele auch mit dem Tod bezahlen mussten.

In Rom hatte er viel Kontakt mit seinem Freund und Glaubensgenossen Paulus.

Paulus, ein ehemaliger Pharisäer in Jerusalem, hatte nach seinem Jesus-Erlebnis vor Damaskus die erste Christengemeinde in Antiochien (heute Antakya in Syrien) gegründet.

Er wurde von der jüdische Obrigkeit verfolgt, konnte aber in Israel der Todesstrafe entrinnen, weil er römischer Staatsbürger war. Deshalb wurde er als Gefangener nach Rom deportiert, um da sein kaiserliches Urteil zu bekommen.

Alte Briefe von damaligen Chronisten belegen, dass Paulus in den Wirren nach dem Brand Roms im Jahre 64 den Märtyrertod starb. Petrus wurde etwa drei Jahre später aufgegriffen und wahrscheinlich mit dem Kopf nach unter gekreuzigt.

Über dem Petrusgrab wurde bereits im 5. Jahrhundert eine Petersbasilika gebaut, die im 16. Jahrhundert durch den Petersdom ersetzt wurde. Dieser Dom gehört zu den größten Kirchen der Welt und ist das Zentrum des Vatikanstaates.

Weltweit gibt es Peter-und-Paul-Kirchen. Die Christengemeinden identifizierten sich mit dem missionarischen Anliegen der beiden Apostel, allen Menschen das Evangelium von Jesus Christus zu verkündigen.

Im christianisierten Europa, Amerika und vielen anderen Gegenden gibt es fast in jeder Ortschaft irgendein Kirchgebäude als Versammlungs- und Anbetungsstätte. Oftmals kann man auch außerhalb der kirchlichen Veranstaltungen diese Gebäude betreten und innere Ruhe und Entspannung in der Stille finden.

Simon Petrus ist inkognito als Peter Schimonon in Rom wieder aufgetaucht; er wollte wissen, was aus den Christengemeinden geworden ist. Der Sprung vom 1. in das 21. Jahrhundert ist natürlich eine Zumutung, eine Herausforderung. Aber er hat sich sehr schnell in die Gegebenheiten des 3. Jahrtausends eingearbeitet, denn er hat in Rom einen freundlichen Lotsen namens Alessandro gefunden. Petrus hatte sich vorgenommen, wenigstens ein paar Tage durchzuhalten, um dann wieder in der Versenkung zu verschwinden.

Tag eins – Peter Schimonon in Rom

Am Flussufer des Tiber setzte sich Petrus auf eine alte Holzbank. Er sinnierte über sein plötzliches Auftauchen.

In einiger Entfernung sah er Kinder spielen. Er dachte an seine Kindheit, als er mit seinen Freunden am galiläischen Meer die ersten Fische angelte. Wasser übte schon immer eine faszinierende Anziehungskraft auf ihn aus. Das Ziel des fließenden Wassers ist das Meer, das Ziel des stehenden Wassers ist die Sonne. Schließlich wird mit dem Regen die Luft gereinigt, die Natur erfrischt. Wasser ist wie andere Naturelemente die Grundlage für das Keimen der Saat, für das Wachstum jeglicher biologischer Daseinsformen. Gepriesen sei der Schöpfer, der alles so wunderbar harmonisch eingerichtet hat.

Petrus stand auf und ging zu den Kindern, die im Wasser Flusskrebse suchten.

Er begrüßte sie auf seine freundliche Art, aber die Kinder fingen an zu kichern. Sie schauten ihn fragend an, denn sie verstanden sein altes Latein nicht. Petrus versuchte es dann auf Griechisch und auch auf Hebräisch, doch die Kinder schüttelten nur ihre Köpfe. Da hob einer von den Jungen die rechte Hand in die Höhe, so wie man sich in der

Schule gewöhnlich meldete, und machte eine Geste zu Petrus, dass er ihm folgen solle.

Der Junge war circa 13 Jahre alt, er hatte dunkles gekräuseltes Haar. Petrus hatte soviel verstanden, dass der Junge Matteo hieß. Sie kamen nun endlich zu dem Haus von Matteos Familie. Die Mama war im Garten. Petrus verneigte sich ein wenig, aber da fing Matteo schon an, den seltsamen Besucher vorzustellen. Als klar wurde, dass man sich nicht auf Italienisch verständigen konnte, machte Matteos Mutter mit einem Fingerzeig deutlich, dass sie zum übernächsten Nachbarn gehen sollten. Dieser war Priester. Sie hatten Glück, denn er kam soeben von einem Krankenbesuch zurück.

Matteos Mutter begrüßte ihren Nachbarn, dann sagte sie ihm, dass der fremde Herr kein Italienisch verstehe. Vielleicht könnte er sich als gelehrter Theologe mit ihm unterhalten.

Der Priester stellte sich vor als Alessandro Berotti. Er fragte nun Petrus nach seinem Namen. Petrus wusste nicht recht, wie er seine Identität verbergen könnte. Er heiße Peter Schimonon, aber der Name sei nicht so wichtig; er solle ihn einfach Peter nennen. Mit seinen Lateinisch-Kenntnissen konnten sich beide ganz gut verständigen. Priester Alessandro erwiderte ganz erfreut, dass das ja auch der Name von Sankt Petrus ist, der Heilige, den alle Christen verehren. Der heilige Petrus war einer von den zwölf Aposteln gewesen, der schon als Jünger mit dem Jesus Christus zusammen war.

Petrus nahm alles stillschweigend zur Kenntnis. Doch ein Gedanke ließ ihn nicht los. Er fragte zurück, ob nicht alle Christen Heilige seien.

Nun entspann sich ein Dialog über Heilige. Priester Alessandro wusste, dass der Apostel Paulus in seinen Briefen oftmals die Empfänger als Heilige angesprochen hatte.

Aber, so meinte er, es gibt in unserer katholischen Kirche auch noch besondere Heilige, zum Beispiel Maria, die heilige Mutter Jesu. Die besonderen Heiligen beziehungsweise ihre Seelen seien alle schon in den Himmel aufgefahren und werden gerne von den Gläubigen als Fürsprecher beansprucht.

Petrus wollte kein Streitgespräch über Heilige führen, aber er dachte sich seinen Teil. Er war davon überzeugt, dass Maria und die anderen besonderen Heiligen alle noch im Todeszustand schlummern. Er erinnerte sich daran, dass Jesus von dem verstorbenen Lazarus sagte, dass er nur schläft. Auch im Buch Kohelet steht, dass die Toten keinen Anteil am Leben haben, dass die Toten nichts wissen. Und er war ja damals dabei, als Jesus von der Stunde sprach, in der die Toten, die an den Sohn glaubten, am jüngsten Tag zum ewigen Leben auferstehen würden; alle anderen würden zu einem späteren Zeitpunkt auferweckt werden, dann aber das vernichtende Urteil des ewigen Todes erhalten.

Petrus wollte gern wissen, ob es in Rom auch noch Israeliten oder wenigstens Juden gäbe. Alessandro überlegte kurz. Er wusste, dass es in Rom die große Synagoge gibt, und dass dort auch schon der Papst einen Besuch absolviert hatte. Aber was wollte denn sein neuer Gesprächsfreund von Juden und Israeliten? Petrus erkannte wohl seine Gedanken; deshalb erzählte er, dass er in jungen Jahren in Israel war und mit einer Reisegruppe den Fußstapfen des Jesus von Nazareth gefolgt ist.

Alessandro sagte, dass er dem Herrn Peter gern am Nachmittag die große Synagoge zeigen wolle. Aber zunächst müssten sie erst einmal die Mittagszeit genießen.

Er lud ihn also in sein Haus ein und bat die Haushälterin um eine Mahlzeit für sich und seinen Besucher. Petrus fragte verwundert, ob die Dame seine Ehefrau sei. Alessandro verneinte und begründete auch gleich, dass ein Priester nicht heiratet, weil er sozusagen mit Gott und seiner Kirche verheiratet ist, ebenso wie alle Würdenträger unserer Kirche, vom einfachen Diakon bis hoch zum Papst, unserem ehrwürdigen Heiligen Vater.

Petrus sträubten sich ein wenig die Haare zu Berge, als er hörte, dass das Oberhaupt der Kirche heiliger Vater genannt wird. Es ist doch schon sehr merkwürdig, wenn Menschen den allmächtigen Gott, den eigentlichen heiligen Vater, imitieren und so den Namen Gottes stellvertretend annehmen.

Nun hatte Petrus doch noch einige Fragen auf dem Herzen, aber die freundliche Hausdame brachte inzwischen das Essen auf den Tisch. Es gab zartes Rinderfilet auf einer Weißbrotscheibe mit Butterbohnen und Waldpilzen, verziert mit einem Häubchen Kräuterbutter.

Das warme Essen hat geschmeckt. Petrus stand auf und dankte mit erhobenen Händen dem großen Gott, dem Geber aller Gaben, für dieses gute Essen.

Dann verneigte er sich auch ein wenig vor der Hausdame und dankte auch ihr für ihre liebevolle Zubereitung.

Alessandro war etwas überrascht von den spontanen Dankesworten, aber es gefiel ihm.

Nach dem guten Essen hatte Petrus ein gewisses Bedürfnis, und er fragte etwas leise nach der Latrine. Der Priester musste ob der Wortwahl innerlich ein wenig lächeln, dann führte er Petrus bis zur Toilettentür. Doch in diesem Raum war es sehr dunkel, deshalb ließ Petrus zunächst die Tür offen. Aber Alessandro stand noch in der Nähe, und so zeigte er ihm den Lichtschalter. Jetzt wurde Petrus doch ziemlich ängstlich, zumal mit dem Einschalten des Lichts auch noch ein Gebläse an der Decke anging.

Das grenzt ja an Magie, wo kommt die Helligkeit plötzlich her? Nun musste Petrus erst ein paarmal den Lichtschalter betätigen, weil er diese Magie ergründen wollte.

Doch er begriff, dass er sich noch an viel Neues gewöhnen müsste, was zu seiner Zeit undenkbar gewesen wäre.

Inzwischen war Pater Alessandro in die Garage gegangen um sein Auto zu holen. Da bahnte sich schon die nächste Überraschung an. Der Pater winkte Petrus zu, er solle doch kommen und einsteigen. Nach kurzem Zögern wagte er den Schritt und dachte sich, dass schon alles gut gehen würde. Er hatte sich eigentlich eine Pferdekutsche vorgestellt. Als dann der Pater ihm erklärte, dass sein Auto mit neunzig Pferdestärken fährt, musste Petrus erst einmal die Augen schließen. Er wusste in dem Moment nicht mehr, ob er noch auf der alten Erde oder vielleicht schon im Himmel wäre.

Dann fuhr der Pater los. Ein Knopfdruck genügte, und der Wagen fing an zu rollen. Es ging durch schmale und breite Gassen und Straßen, vorbei an prunkvollen Gebäuden und großen Plätzen. Die Geschwindigkeit machte Petrus zu schaffen, er musste sich krampfhaft an den Armlehnen festhalten. So ein Rom hätte sich seinerzeit der größenwahnsinnige Kaiser Nero nie in den kühnsten Gedanken träumen lassen. Es war damals eine schlimme Zeit, besonders für die noch jungen Christengemeinden im römischen Reich. Es war allgemein bekannt, dass Nero sein Rom gewaltig vergrößern wollte, aber die alte Baustruktur war ihm im Wege. Deshalb ließ er Rom abbrennen. Dann ließ er auch noch die Falschmeldung verbreiten, die Christen hätten die Stadt vernichtet. So hat er zwei Anliegen auf einen Schlag erledigen können. Der neuen Bebauung stand nichts mehr im Wege, und die seiner Meinung nach fanatischen Christen konnten nun im großen Stil verfolgt werden.

Endlich fuhr Pater Alessandro auf einen Parkplatz in der Nähe der Synagoge. Schon beim Aussteigen wunderte sich Petrus über die vielen Autos. So viele verschiedene Pferdestärkenautos. Manche

Fahrzeuge waren so groß, dass circa vierzig Personen bequem drin Platz haben. Der Pater erklärte ihm, dass die Besucher aus aller Herren Länder hierherkommen. Die große Synagoge ist ein bekanntes Touristenziel. In Italien heißt die Synagoge „Tempio Maggiore di Roma".

Petrus wollte gern etwas zur Geschichte des Gebäudes und der jüdischen Bevölkerung wissen. Der Pater hatte sich interessehalber schon selbst damit beschäftigt, nachdem Papst Benedikt der Sechzehnte die Synagoge anno Domini 2010 besuchte. Bereits 1986 hatte Johannes Paul der Zweite als erster Papst die jüdische Synagoge betreten und hier sogar eine freundliche Ansprache gehalten.

So wusste Pater Alessandro, dass im Untergeschoss der Synagoge ein Museum der jüdischen Geschichte untergebracht ist.

Im Eingangsbereich gab es ein kleines Problem. Petrus hatte kein Geld für eine Eintrittskarte. Es war ihm total fremd, dass man zum Betreten des Gotteshauses Eintritt bezahlen musste. Doch der Pater bezahlte für ihn mit.

Petrus bedankte sich leicht gestikulierend um anschließend die Hände wie zum Gebet vor die Brust zu nehmen. Er fragt dann den Pater, wie er sich revanchieren könnte, und ob es eine Möglichkeit gäbe, zu Geld zu kommen. Doch der Pater winkte ab. Sein neuer Freund solle sich erst einmal keine Gedanken machen, aber insgeheim hatte er schon einen Plan.

Petrus hatte schon das Äußere der Synagoge bewundert. Vom Parkplatz aus war ja schon die große Kuppel zu sehen, aber jetzt stand er in dem großartigen Eingangsbereich mit den verzierten Säulen, die er, leicht den Kopf schüttelnd, bestaunte.

Petrus musste an die Synagogen denken, die er von Galiläa, dem nördlichen Teil Israels her kannte. Da waren zum Beispiel die schlichten aber doch schönen Synagogen in Kapernaum oder in Nazareth. Aber hier in der Weltstadt Rom, die er damals schon als das Babylon der Wendezeit bezeichnete, hier ist alles pompöser und mit viel Luxus ausgestattet.

Nun gingen beide in die untere Etage. In mehreren Abteilungen waren kostbare Gegenstände ausgelegt. Am meisten interessierte sich Petrus aber für die Grabsteine, die aus den alten Katakomben geholt wurden. In den Katakomben, den unterirdischen Friedhöfen, hatten sich damals viele Christen vor den Legionären versteckt. Hier waren sie relativ sicher, weil die Friedhofsgänge als mystische Orte von den Römern weitgehend gemieden wurden. Petrus war seinerzeit oft bei den geheimen Versammlungen gewesen. Dort konnte er den Christen viel von den Erfahrungen berichten, die er mit Jesus erlebt hatte.

Pater Alessandro berührte Petrus sanft am Oberarm und drängelte ein wenig zur Eile.

Herausgerissen aus seinen Gedanken und Erinnerungen entschuldigte sich Petrus für seine geistige Abwesenheit.

Als ob Alessandro die Gedanken des Petrus gelesen hätte, erzählte er, was er noch aus dem Geschichtsunterricht über die Katakomben wusste. In einer Katakombe liege auch Petronilla, die Tochter des Apostel Petrus, begraben. Sie wäre damals mit ihrer Mutter Perpetua dem Apostel nach Rom gefolgt. Petrus schüttelte ein wenig sein Haupt und meinte, das sei ja unglaublich. Seine Frau und teilweise auch seine Kinder waren zwar in dem Gefolge der Frauen mit Jesus unterwegs wie auch viele von den anderen Jünger-Frauen. Aber seit seiner Überfahrt nach Italien hatte er seine Familie nicht mehr gesehen.

Als beide wieder zum Parkplatz gingen, sagte Alessandro, dass er seinem Freund Peter unbedingt auch mal den Petersdom zeigen müsste. Der

Petersdom, in Kirchenkreisen auch „Sankt Peter im Vatikan“ genannt, ist eine der größten Kirchen in der Welt. Allerdings würden wir den großen Dom an einem anderen Tag besuchen, denn heute müsste er noch die Vesper, das sogenannte Abendgebet, in seiner Kirche Santa Maria zelebrieren.

In relativ rasantem Tempo fuhren sie nun in Richtung Tiber. Die Kirche Santa Maria gehört dem Malteserorden. Fremde sind in dem Anwesen nicht gern gesehen. Aber als Gast des Priesters konnte Petrus unbehelligt die Prioratskirche der Malteser betreten.

Circa zwanzig Gläubige warteten bereits auf ihren Priester. Nach dem traditionellen Abendgebet stellte Alessandro den Teilnehmern seinen Überraschungsgast vor.

Alessandro erzählte den Anwesenden, dass Peter die Jesusgeschichten sehr gut kennen würde. Petrus verbeugte sich ein wenig, um mit dieser Geste die Leute zu begrüßen. Dann bedankte er sich erst einmal, dass ihn der Pater Alessandro hier in diese wundervolle Kirche mitgenommen hatte. Nun erzählte Petrus, dass er einige Jahre in Palästina und im jüdischen Land unterwegs war, um die Wege und Lehren Jesu zu studieren. Viele Städte hatte er besucht. Bethlehem, wo Jesus geboren wurde, Nazareth, wo Jesus aufgewachsen ist, das galiläische Meer, wo Jesus über das Wasser gelaufen ist, Jericho, wo Jesus einen Blinden geheilt hatte, und schließlich Jerusalem, wo Jesus verhaftet und auf dem naheliegenden Hügel Golgatha hingerichtet wurde.

Alle hörten sehr aufmerksam zu. Einer fragte, wie lange er in Israel unterwegs war, und wie er überhaupt zu so einer interessanten Reise käme. Petrus antwortete, dass es ein Geschenk Gottes war, und dass er die Reise als Auszeichnung für sehr gute Kenntnisse der heiligen Schriften bekommen hatte. So durfte er über drei Jahre mit einer Studiengruppe auf den Spuren Jesu unterwegs sein.

Ein anderer Teilnehmer wollte wissen, ob Jesus mit der heutigen Christenheit zufrieden wäre. Daraufhin entgegnete Petrus, dass man hier nur spekulieren könnte. Er habe in seinen Studien erkannt, dass Jesus ein sehr einfacher Mensch war. So hatte er während seiner Wirkungszeit immer wieder vor der Gefahr des Reichtums und des Strebens nach Luxus gewarnt. Seine Mission bestand darin, das Reich Gottes schmackhaft zu machen. Das Himmelreich ist das allgegenwärtige Universum Gottes, dort herrschen himmlische Werte wie Liebe und Gerechtigkeit. Weil Jesus sündlos lebte, hat er den teuflischen Bann des Todes durchbrochen, indem er am dritten Tag nach seiner Kreuzigung durch die Kraft Gottes auferweckt wurde. Und wer an den auferstandenen Christus glaubt, der wird im Reich Gottes eine neue und ewige Heimat haben. Gott würde dazu Himmel und Erde völlig neu gestalten.

Petrus kam immer mehr ins Schwärmen, wenn er so von Jesus erzählte. Doch Alessandro hob seine rechte Hand und unterbrach somit die kurze Fragestunde. Er erzählte den Anwesenden, dass sein Freund und Bruder Peter zurzeit mittellos wäre, weil er all sein Geld verausgabt hatte. Und so bat Alessandro um ein Almosen, damit Peter wenigstens die nötigen Aufwendungen bezahlen könnte. Ein Gabenkörbchen wurde herumgereicht. Petrus war die ganze Sache ziemlich peinlich. Er meinte ganz leise zu Alessandro, dass bisher noch niemand für ihn Spenden gesammelt hätte. Als der Pater das Körbchen zurückbekam, waren beide sprachlos überrascht, dass so viel gespendet wurde. Sogar eine lederne Geldtasche mit reichlich Inhalt lag in dem Gabenkörbchen. Petrus hob beide Hände und segnete die edlen Spender im Namen des Herrn und wünschte allen den Frieden Gottes. Pater Alessandro ergänzte noch schnell die Segensworte mit der üblichen Zeremonie im Namen des Vaters, des Sohnes und des heiligen Geistes. Dabei macht er mit der rechten Hand eine

Kreuzesbewegung vor seiner Brust. Petrus schaute ihn mit großen Augen an, doch er verkniff sich seine Frage.

Die Zeit des Abendgebetes war damit zu Ende. Einige Teilnehmer wünschten sich noch weitere Berichte, und Pater Alessandro versprach, dass es bald wieder eine Gelegenheit geben werde.

Nun ging es wieder zurück in das Haus des Paters. Alessandro ahnte schon, dass Petrus keine Bleibe für die Nacht hätte. Deshalb bot er ihm an, im Gästezimmer übernachten zu können. Petrus bedankte sich etwas verlegen.

Die Dame des Hauses hatte inzwischen schon das Abendbrot vorbereitet. Sie rief beide zu Tisch. Auf einem etwas übergroßen Teller wurde jedem eine Sesampizza mit Champignons serviert, dazu gab es vorjährigen Rotwein aus der Toscana. Petrus verhielt sich noch zurückhaltend; er wollte erst beobachten, wie der Pater den Fladen anfasst. Dann griff er auch zu Messer und Gabel, und beide verspeisten die Pizza sehr genussvoll. Alessandro trank dann seinen Rotwein, während Petrus vorsichtig an dem Getränk schnupperte. Dann bat er doch lieber um ein Glas Wasser. Der schöne Wein, der so prachtvoll im Glase anzusehen war, war ihm nicht ganz geheuer. Er musste an einen Satz des großen Salomo denken, der vor dem Genuss des Weines gewarnt hatte, weil dadurch die Denkfähigkeit und Selbstbeherrschung beeinträchtigt würde.

Alessandro und Petrus unterhielten sich noch etwa eine Stunde im gemütlichen Wohnzimmer. Der Pater wollte wissen, ob Petrus etwas gegen alkoholische Getränke hätte.

Petrus wollte nicht belehrend seinen Standpunkt vertreten. Er wusste, dass viele Menschen gern in Gesellschaft und auch ganz privat Getränke zu sich nehmen, die mehr oder weniger Alkohol enthalten. Er suchte wieder nach einer diplomatischen Antwort und meinte dann, dass man auch ganz gut ohne alkoholische Getränke auskommen kann. Schließlich hat Gott eine Vielzahl von Obst geschaffen, dessen klarer Saft dem Körper und Geist bekömmlicher ist als vergorene Säfte. Gärung ist bekanntlich ein Fäulnisprozess, und Gott wollte niemals, dass seine Menschen unreine Speisen und Getränke zu sich nehmen.

Es gäbe auch Gärung im positiven Sinne, etwa zur Herstellung von Sauerteig oder Essig.

Ansonsten werden alkoholhaltige Erzeugnisse gern zur Konservierung oder auch zur Schädlingsbekämpfung verwendet.

Der Pater war über den Redefluss seines Freundes erstaunt und verwundert zugleich. Er musste kurz nachdenken, aber dann konterte er mit dem Weinwunder, das Jesus auf einer Hochzeit vollbracht hatte. Jesus hatte damals Wasser in Wein verwandelt. Und was Jesus anbietet, kann doch nicht schlecht sein.

Petrus hatte schon damit gerechnet, dass der Pater auf dieses erste Wunder zu sprechen kam. Und da musste Petrus doch etwas ausführlicher ausholen und die Meinung vom vergorenen Wein, den Jesus gemacht haben sollte, korrigieren. Es war damals in Kana, einer kleinen Stadt in Israel, nördlich von Nazareth. Jesus war zu einer Hochzeit eingeladen. Seine Mutter Maria und viele andere Verwandte waren dabei. Jesus brachte auch seine neuen Freunde mit. So eine Hochzeitsfeier dauerte in Israel gewöhnlich eine Woche. Und da geschah das, was eigentlich nicht passieren sollte: Die Getränke gingen vorschnell zur Neige. Die umsichtige Maria bemerkte es wohl zuerst. Sie ging schnell zu ihrem Jesus und wollte, dass er Nachschub organisieren sollte. Doch Jesus hielt inne, streckte seine Hände empor und betete. Dann zeigte er auf die sechs Wasserkrüge, die in dem Raum waren, und sagte zu den Hausdienern, dass sie davon dem Küchenmeister zu kosten geben sollten. Schnell wurde ein Becher gefüllt; ein Diener hat in einem unbeobachteten Moment den Finger in den Becher gesteckt und heimlich abgeleckt. Als er den Becher dem Küchenmeister überreichte, raunte er ihm zu, dass er hier eine Kostprobe himmlischen Weines habe. Und himmlischer Wein ist ein klarer unvergorener Wein, der beste Wein, den es überhaupt geben kann, den es auch in der versprochenen neuen Welt Gottes geben wird.

Pater Alessandro hob vorsichtig seine rechte Hand und wollte eigentlich widersprechen. Aber dann winkte er nur ab und dachte sich seinen Teil. Dann musste er aber doch noch nachhaken und fragte, ob es einen Beleg für den himmlischen Wein gäbe.

Petrus überlegte kurz, dann verwies er auf den alten Propheten Jesaja, der von einem großen Freudenmahl geschrieben hatte, bei dem es unvergorenen köstlichen Wein geben würde.

Der Pater war schon zu müde, als dass er weitere Argumente hervorholen wollte. Er sagte nur, dass er darüber nachdenken werde. Dann begleitete er Petrus bis zum Gästezimmer, zeigt ihm noch den Lichtschalter, und beide wünschten sich eine gesegnete Nachtruhe.

Allein im Zimmer fiel Petrus erst einmal auf seine Knie und dankte Gott für die wunderbare Führung durch den Tag und für die Gastfreundschaft in diesem Hause. Er bat weiterhin für seinen Gastgeber, dass Gott ihm Weisheit und Erkenntnis schenken möge.

Und Petrus betete auch für sich, dass er sich nicht von modernen oder alten Traditionen blenden lassen möchte, die dem Fundament des biblischen Glaubens widersprechen.

Dann ließ er noch einmal die Eindrücke des vergangenen Tages in seinen Gedanken Revue passieren – um dabei dann endlich einzuschlafen.

Tag zwei – Besuch im Petersdom

Am Morgen wurde Petrus von einem lauten Vogelgezwitscher geweckt. Durch das offene Fenster konnte er beobachten, wie sich zwei Elstern mit einer Krähe zankten.

Obwohl genügend hohe Bäume in der Nähe waren, duldeten die Elstern keine Konkurrenz in ihrem Revier. Da dachte Petrus so ganz beiläufig an die Glaubenskämpfe in Judäa.

Die jüdische Obrigkeit ließ auch keine Konkurrenz in ihrem Glaubensrevier zu. Obwohl viele erkannten, dass Jesus der Christus war, also der verheißene Messias, wurde damals ein Schauprozess veranstaltet. Jesus wurde schließlich gekreuzigt, so wie es im römischen Reich bei Schwerverbrechern üblich war.

Normalerweise hätte sich der Christusglaube nach dem Kreuzestod Jesu in Luft aufgelöst. Die engsten Weggefährten, so wie Petrus selbst, zogen sich zurück. Sie wussten nicht, wie es nun weitergehen sollte. Aber dann war da das leere Grab, und der auferstandene Jesus war plötzlich in ihrer geheimen Versammlung. Mit seinem bekannten Friedensgruß sprach er ihnen Mut zu. Einer von ihnen wollte es nicht glauben, dass es Jesus wirklich ist. Da zeigte Jesus ihm seine durchbohrten Hände. Es war sehr beeindruckend, und er, Petrus, wird es niemals vergessen, wie der Jünger vor Jesus niederkniete und ausrief: Mein Herr und mein Gott! Daraufhin sagte Jesus zu dem Jünger: Du glaubst, weil du mich jetzt erkannt hast. Selig sind die vielen Menschen, die mich nicht leibhaftig sehen und doch am Glauben an mich festhalten.

Diese Begegnungen mit dem auferstandenen Jesus und auch schließlich die Verabschiedung nach vierzig Tagen, als Jesus auf einem Berg nahe Jerusalem von einer Wolke umhüllt und somit in den Himmel aufgenommen wurde, gaben der neuen Jesus-Bewegung eine enorme Glaubensstärkung. Zumal Jesus, sozusagen als Vermächtnis, den Versammelten auf dem Berg zugerufen hatte, dass sie in alle Welt hinausgehen und den Völkern das Evangelium vom Reich Gottes predigen sollten. Und wer diese lebenswichtige Botschaft annehmen würde, sollte mit der geistlichen Segenstaufe in die Gemeinschaft des Reiches Gottes aufgenommen werden. Dazu gehöre die starke Symbolik des Untertauchens im Wasser, sozusagen das Begrabenwerden des alten und das Auferstehen des neuen Menschen.

Die Krähe vor dem Fenster hatte sich zurückgezogen, die Elstern haben gewonnen. Das Gekrächze war endlich vorbei. Petrus dachte auch hier an die

Meinungsverschiedenheiten und Streitereien, die es schon unter den ersten Christen gab. Er ahnte, dass es auch im 21. Jahrhundert große Glaubensdifferenzen gäbe, weil der Gegner Gottes alles versuchen würde, um den Glauben an Gottes Liebe und Gerechtigkeit zu untergraben. Seine alte verführerische Frage: „Sollte Gott gesagt haben" hat seit jeher gefruchtet.

Nun ging Petrus erst einmal in den Baderaum um sich für den Tag frisch zu machen. Dabei hörte er, dass im Hause jemand am Wirken war. Die liebe Dame des Hauses bereitete schon das Frühstück vor.

Kurze Zeit später läutete sie auch schon mit der Essensglocke und rief den Pater und den Gast des Hauses in das Speisezimmer. Dieser Raum war sowohl vom Flur als auch zusätzlich durch eine leichte Schiebetür von der Küche aus zu erreichen.

Als Petrus durch die Küche in den Speiseraum ging, entdeckte er über der Schiebetür einen Teller, auf dem zwölf römische Zahlen waren. Ein größerer und ein kleinerer Zeiger waren in der Mitte verankert. Der kleine Zeiger stand zwischen der Sieben und der Acht, der große zeigte auf die Zahl Sechs.

Mit einem freundlichen „Guten Morgen Herr Peter, haben Sie gut geschlafen?" begrüßte die

Hausdame Petrus. Dabei bemerkte sie, wie Petrus auf die Uhr schaute. „Ja, ja, es ist schon wieder halb acht, das ist immer so unsere Frühstückszeit. Übrigens, ich bin Maria. Sagen Sie einfach Maria zu mir." Petrus sagte erst mal, dass er sehr gut geschlafen hatte, und dass sie übrigens das „Herr" vor dem Namen Peter weglassen sollte. Zur Bekräftigung der gegenseitigen Namensfindung gab Petrus der Maria die rechte Hand und wünschte ihr einen gesegneten Tag.

Dann zeigte er auf die Uhr und fragte, wie alt denn dieser Wandteller sei. Maria erzählte nun, dass die Küchenuhr ziemlich neu ist. Und wenn sie mal die Zeit nicht mehr richtig anzeigt, müsse die Batterie gewechselt werden. Jetzt erkannte Petrus, dass man an diesem besonderen Wandteller die Tageszeit ablesen konnte. Im alten Israel konnte man an einer Sonnenuhr ablesen, was in etwa die Stunde geschlagen hatte. Allerdings war das nicht in einem Haus möglich, wie hier zum Beispiel in der Küche. Dann bewegte ihn noch die Frage, was es mit der geheimnisvollen Batterie auf sich hätte, doch das wollte er dann lieber später ergründen.

Inzwischen war auch Alessandro in die Küche gekommen. Nach einem freundlichen Begrüßungsritual setzten sich Petrus und Alessandro an den Frühstückstisch im abgeteilten Speiseraum. Durch zwei großflächige Fenster, eins an der Ostseite, das andere an der Südseite, hatte man einen wunderbaren Blick in den weiträumigen Garten. Die Morgensonne erhellte bereits den Raum.

Maria servierte dem Pater einen Cappuccino und ein Cornetto, gefüllt mit selbstgemachter Erdbeermarmelade. Dann fragte sie Petrus, ob er lieber einen Espresso haben möchte. Petrus zeigte auf das Gedeck des Paters und meinte, dass er das gleiche haben möchte.

Maria hatte aber für sich eine Tasse Kaffee mit viel Milch gemacht.

Als alle drei am Tisch saßen, nahm Alessandro ein bereitgelegtes Buch zur Hand, auf dem Umschlag stand „La Sacra Bibbia“. Das Lesezeichen befand sich im Buch der Psalmen.

Nun las Alessandro aus dieser Bibel:

Ein Psalm Davids, vorzusingen.

Herr, du erforschest mich und kennest mich. Ich sitze oder stehe auf, so weißt du es; du verstehst meine Gedanken von ferne. Ich gehe oder liege, so bist du um mich und siehst alle meine Wege. Denn siehe, es ist kein Wort auf meiner Zunge, das du, Herr, nicht alles wüsstest.

Von allen Seiten umgibst du mich und hältst deine Hand über mir. Diese Erkenntnis ist mir zu wunderbar und zu hoch, ich kann sie nicht begreifen.

Wohin soll ich gehen vor deinem Geist, und wohin soll ich fliehen vor deinem Angesicht? Führe ich gen Himmel, so bist du da; bettete ich mich bei den Toten, siehe, so bist du auch da. Nähme ich Flügel der Morgenröte und bliebe am äußersten Meer, so würde auch dort deine Hand mich führen und deine Rechte mich halten.

Spräche ich: Finsternis möge mich decken und Nacht statt Licht um mich sein, so wäre auch Finsternis nicht finster bei dir, und die Nacht leuchtete wie der Tag. Finsternis ist wie das Licht. Denn du hast meine Nieren bereitet und hast mich gebildet im Mutterleibe.

Bis hierher hatte Petrus still zugehört, dann unterbrach er den Pater und ergänzte den Text aus seinem Gedächtnis:

Ich danke dir dafür, dass ich wunderbar gemacht bin; wunderbar sind deine Werke; das erkennt meine Seele.

Maria hielt sich vor Erstaunen ihre rechte Hand vor den Mund – und Alessandro lobte Petrus für seine Bibelkenntnis. Dann sprach er noch ein kurzes Morgengebet:

Unser Vater im Himmel, danke für die Geborgenheit in der Nacht.

Begleite uns auf unseren Wegen und lass uns deine Weisheit auch an diesem Tag entdecken. Gepriesen sei der Herr, der Geber aller lebenswichtigen Gaben – Amen.

Pater Alessandro wünschte allen einen guten Appetit, dann fügte er seinem Kaffee den dabeistehenden zarten Milchschaum hinzu.

Petrus sinnierte noch über den Wandteller, den Maria Küchenuhr nannte. Er wollte nicht direkt nach dem Mechanismus der Batterie fragen. Deshalb meinte er nur, dass der technische Fortschritt beinahe unheimlich ist, sogar die Uhrzeiger bewegen sich dank einer Batterie.

Alessandro zeigte zunächst mit seinem Finger auf seinen vollen Mund, doch dann wollte er von Petrus wissen, ob er wüsste, wer die Batterie erfunden hätte.

Als Petrus verneinte, erzählte Alessandro, dass zwei Italiener die Pioniere auf dem Gebiet der Elektrizität gewesen sind: Luigi Galvani und Alessandro Volta. Beide hatten in der zweiten Hälfte des 18. Jahrhunderts mit besonderen Geräten elektrischen Strom erzeugt.

Das sogenannte galvanische Element und die Voltasäule sind die Vorläufer unserer heutigen Batterien.

Alessandro ergänzte noch, dass es in Rom zwei Straßen gibt, die nach den berühmten Physikern benannt sind, die Via Galvani und die Via Alessandro Volta, wobei er den Vornamen von Volta besonders betonte und dabei seine rechte Hand auf seine Brust legte.

Petrus konnte mit den Begriffen „Elektrizität" und „elektrischer Strom" weiter nichts anfangen, aber er nickte zustimmend.

Weil Maria inzwischen das Geschirr vom Tisch abgeräumt hatte, schlug der Pater vor, in sein Arbeitszimmer zu gehen. Sie hätten noch eine Stunde Zeit, bevor sie zum großen Petersdom fahren würden.

Petrus merkte, dass er in punkto Wissenschaft und Technik noch großen Nachholbedarf hatte. Am liebsten würde er irgendwo eine Schule besuchen, in der er auf den aktuellen Wissensstand gebracht würde.

Auf dem Schreibtisch im Arbeitszimmer lag bereits die Tageszeitung „La Repubblica". Alessandro überflog kurz die Überschriften, dann sagte er halb stöhnend, halb unfassbar, dass heute schon wieder Donnerstag sei. Die Tage gingen so schnell vorbei, dass man kaum zur Ruhe kommt, und das im 21. Jahrhundert. Eigentlich sollte doch mit den Errungenschaften der Technik viel mehr zeitlicher Freiraum geschaffen werden, aber das Gegenteil sei der Fall. Dabei holte er so ein kleines rechteckiges Brett aus Kunststoff mit einer verglasten Oberfläche aus seiner Hosentasche und zeigte es Petrus. Dazu sagte er, dass das hier sein neues Smartphone sei. So ein Gerät sei heute unverzichtbar, um alle alltäglichen Belange zu managen. Hierbei startete er seinen Terminkalender. Da steht, dass heute 15.00 Uhr Religionsunterricht im Gemeinderaum stattfinden soll. Die Kinder sollen auf die Firmung vorbereitet werden, und er, Petrus, solle doch auch bitte mit dabei sein und hospitieren. Petrus war sehr gern dazu bereit, denn er hoffte, dass er durch den Umgang mit den Kindern die moderne Welt besser und schneller verstehen lernte.

Alessandro schaute wieder auf sein Smartphone und sagte, dass es schon halb zehn sei. Sie müssten sich jetzt langsam aufmachen, wenn sie um zehn im Petersdom sein möchten.

An der Tür klopfte es und Maria kam herein. Sie wollte einkaufen fahren und fragte, was denn heute zu Mittag gewünscht wird. Sie empfahl aber dann sofort, dass sie kleine Teigtaschen zubereiten möchte, mit Rindfleisch gefüllt, sogenannte Agnolotti. Petrus zeigte seine Zustimmung und meinte, er lasse sich gern überraschen. Alessandro war auch einverstanden, er sagte ihr noch, dass sie mit dem neuen Elektroauto vorsichtig fahren solle, weil das Auto so leise ist, dass es die Leute kaum hören.

Während Petrus vor der Garage wartete, fuhr ein Radfahrer auf der Straße vorbei. Der junge Mann rief ein freundliches Hallo, und Petrus grüßte mit einer leichten Handbewegung zurück. Er erinnerte sich, dass er bei der gestrigen Autofahrt auch schon solche Fortbewegungsmittel mit zwei Rädern gesehen hatte.

Alessandro hielt neben Petrus und öffnete die Autotür und bat Petrus doch einzusteigen. Kaum saß Petrus im Auto, sagte Alessandro vermeintlich zu dem Lenkrad: Garage zu! Und wie von Geisterhand bewegt wurde das Garagentor geschlossen. Jetzt verstand Petrus Gott und die Welt nicht mehr. Wie konnte der Allmächtige es zulassen, dass der Mensch über solche magischen Kräfte verfügte? Aber Petrus dachte bei sich, dass alles schon seine Richtigkeit haben würde. Solange der Mensch nicht in der Lage ist, Tote auferstehen zu lassen, wolle er nicht am technischen Fortschritt zweifeln.

Petrus wusste, dass nur die unerforschliche Kraft Gottes Verstorbene wieder zum Leben erwecken kann. Er hat es einige Male damals mit Jesus erlebt. Noch sehr gut ist ihm die Auferweckung des Lazarus in Erinnerung. Lazarus und seine beiden Schwestern Marta und Maria waren sehr gute Freunde von Jesus. Bei ihnen in Betanien waren Jesus und seine Begleiter immer gern gesehen.

Als Lazarus nach kurzer Krankheit starb, war Jesus leider nicht in der Nähe. Er kam erst einige Tage später wieder nach Betanien. Marta machte ihm einen leichten Vorwurf und sagte: „Wärest du hier gewesen, mein Bruder wäre nicht gestorben." Als Jesus die Trauernden sah, musste er ebenfalls weinen. Dann sagte er mit voller Überzeugung: „Ich bin die Auferstehung und das Leben, wer an mich glaubt, der wird leben, auch wenn er hier auf Erden stirbt." Marta antwortete ihm: „Ich weiß, dass du der Christus bist, der Sohn des lebendigen Gottes, und dass am Jüngsten Tag alle, die an dich geglaubt haben, auferstehen werden."

Man konnte nun sehen, wie Jesus innerlich mit sich kämpfte, wie sein Gesicht immer strenger wurde. Dann ging er mit den Trauernden zu der Grabhöhle, in der Lazarus bestattet wurde. Allerdings war die Grabesstätte mit einem großen Stein verschlossen. Da rief Jesus seinen Begleitern zu, sie sollten doch den Stein zur Seite rollen. In Petrus kam hier der Gedanke auf, dass Jesus für die Werbung seines Evangeliums Helfer benötigt, die sinnbildlich auch so manche Steine beseitigen sollten, damit der Weg frei würde für den Glauben an Jesus.

Alle Augen waren nun auf Jesus gerichtet. Der schaute kurz nach oben, als ob er zum himmlischen Vater betete. Dann rief er mit lauter Stimme in die Grabhöhle: „Lazarus komm heraus!“. Tatsächlich erschien der Verstorbene, ganz langsam gehend, denn er hatte noch die Tücher um seinen Körper gewickelt. Jetzt bat Jesus die Frauen, dass sie dem Lazarus die Binden und das Schweißtuch vom Gesicht wegnehmen sollten.

Als die Trauernden den wieder lebendig gewordenen Lazarus sahen, wie er auf sie zukam, waren alle tief erschrocken. Einige fielen vor Jesus auf die Knie und riefen: „Jesus ist wirklich der verheißene Messias, der Sohn des lebendigen Gottes.“ So kamen damals viele zum Glauben an Jesus.

Petrus musste auch an das Wunder von Jaffa denken, das Dorf, das die Griechen Joppe nannten. Damals war die allgemein als Wohltäterin bekannte Tabitha gestorben. Eine große Trauergemeinde war im Haus versammelt, als er dort ankam. Er hätte sich gerne gewünscht, dass jetzt Jesus persönlich da wäre, um Tabitha neues Leben einzuhauchen. Da entschloss er sich spontan, die Tote in ihrem Zimmer aufzusuchen. Er befahl den Leuten, doch das Zimmer zu verlassen. Dann kniete er sich vor dem Bett nieder und betete in der Kraft des Geistes Gottes und im Namen Jesu, dass Tabitha wieder aufstehen möge. Und da geschah das Wunderbare: Tabitha machte die Augen auf und setzte sich. So wurde auch in diesem Teil Israels die heilsame Lehre von Jesus angenommen und viele kamen hier zum Glauben.

Alessandro war inzwischen bis in den Stadtteil von Rom gefahren, in dem die vatikanischen Museen zu finden sind. Auf den Straßen und Plätzen waren sehr viele Touristen. In einer Nebenstraße konnte Alessandro das Auto parken. Er erklärte nun dem Petrus, das sie erst einmal in eine besondere Kirche gehen, in die sogenannte Sixtinische Kapelle, weil der direkte Zugang zum Petersdom wegen der vielen Besucher zu viel Zeit in Anspruch nehmen würde. Nach etwa fünf Minuten Fußweg waren sie dann auch schon an der Kapelle angelangt. Als Priester und Ordensbruder konnte er ungehindert durch den Personaleingang in die Kapelle eintreten. Außerdem hatte er früher hier in der Kirche als Praktikant gearbeitet und viele Führungen geleitet.

Alessandro führte Petrus nun in den Kapellenraum. Die Fülle an Bildern ließ Petrus erst einmal erstarren, er musste sich etwas am Arm von Alessandro festhalten. Petrus wusste in dem Moment nicht, ob er sich in einem römischen Kunstkabinett oder in einem griechischen Göttertempel befindet.

Da erklärte Alessandro auch schon, dass es sich hier um eine besonders heilige Kirche handelt. Immer, wenn ein Papst gestorben ist, wird hier der neue Heilige Vater gewählt. Die ranghöchsten Kardinäle aus aller Welt wählen hier in dieser Kirche einen von ihnen als nächsten Papst.

Vor vielen Jahren, also im Mittelalter, hatte der heilige Papst Sixtus der Vierte diese Kirche errichten lassen; deshalb heißt sie heute eben Sixtinische Kapelle. Dann hatten viele berühmte Maler die Kirchenwände und auch das Deckengewölbe mit Bildern verziert. Alle möglichen Motive aus der Heiligen Schrift wurden hier dargestellt: Die Schöpfung, der Sündenfall, die Sintflut, viele Könige und Propheten Israels und schließlich sogar das Jüngste Gericht.

Dann zeigte Alessandro mit dem Zeigefinger auf ein bestimmtes Gemälde im Deckengewölbe. Dabei erzählte er, dass der große italienische Maler

Michelangelo in diesem Bild die Erschaffung Adams sehr eindrucksvoll gemalt hatte.

Die Hand des nackten Adam möchte wohl an der Hand Gottes bleiben, aber Gott zeigt ihm, dass er nun auf eigenen Füßen stehen müsse.

Petrus wunderte sich immer mehr über die Phantasie der Kirchenmaler. Zu seiner Zeit hätte sich kein Christ getraut, den echten himmlischen Vater zu malen. In einem der zehn Gebote stand doch, dass man sich kein Bildnis von der himmlischen Welt machen sollte, weil alle physischen Vorstellungen von Gott nicht annähernd das Wesen Gottes abbilden könnten.

Und außerdem sah der auf dem Gemälde gemalte Gott aus wie der römische Göttervater Jupiter.

Petrus wollte aber die Begeisterung seines Freundes nicht bremsen, deshalb sagte er, dass Michelangelo wohl ein ganz großer Künstler gewesen sein muss. Wie konnte er nur an der Kirchendecke malen und dabei den Kopf immer nach oben halten. Alessandro freute sich über das Interesse und erklärte sogleich, dass Michelangelo für die Deckenmalerei ein eigenes Gerüst hat anfertigen lassen, auf dem er liegend alles malen konnte. Dann gab Alessandro noch verschiedene Erläuterungen zur Geschichte einzelner Gemälde.

Allerdings drängte Alessandro doch zum Weitergehen, denn der Petersdom stand auch noch auf dem Plan.

Durch einen nicht öffentlichen Gang kamen sie in den Petersdom. Alessandro erklärte erst einmal, dass diese Kirche offiziell „Basilika Sankt Peter im Vatikan“ heißt. Namensgeber sei natürlich der heilige Apostel Simon Petrus, der hier an dieser Stelle wahrscheinlich sein Grab hatte. Da wurde Petrus doch sehr nachdenklich. Er dachte bei sich, dass eine solche Ehre und Verehrung nicht gut für einen Christenmenschen sei. Und doch war er beim Anblick des Kirchenschiffes wieder stark beeindruckt. Wenn das der alte König Herodes oder gar der weise Salomo sehen könnte. Der Salomonische und auch der Herodianische Tempel in Jerusalem waren bei weitem nicht so prunkvoll wie hier diese zentrale heilige Stätte der Christenheit.

Alessandro befleißigte sich, dem Petrus in relativer Kürze das Wichtigste über diese monumentale Basilika zu erläutern. Beim Gang durch das Hauptschiff studierte Petrus flüchtig die vielen überlebensgroßen Skulpturen. Pater Alessandro erklärte ihm, dass es sich hier um Ordensgründer oder andere wichtige Persönlichkeiten der alten Kirche handelt.

Etwa am Ende des Hauptschiffes blieben sie bei einer sitzenden Bronzestatue etwas länger stehen.

Petrus bemerkte ein freundliches Lächeln auf dem Gesicht von Alessandro. „Das ist unser heiliger Petrus, sozusagen unser erster Papst. Diese Bronzestatue hat ein italienischer Künstler schon im 13. Jahrhundert geschaffen." Jetzt musste Petrus auch lächeln. Dass ihm zu Ehren eine solche wichtige Statue und dazu noch ein so großes Kirchengebäude wie der Petersdom geschaffen wurden, ließ ihn innerlich den Kopf schütteln. Auch dass er als Papst in die Kirchengeschichte Eingang gefunden habe, noch dazu als erster, wobei er doch nur ein einfacher Missionar im Auftrag Jesu gewesen war, das ging ihm alles irgendwie zu weit.

Er kratzte sich wortlos am Kopf über dem rechten Ohr.

Da erzählte Alessandro aber schon weiter, dass der Künstler die Amtsperson des Petrus würdevoll mit den zwei Schlüsseln und der Metallkette dargestellt hatte, weil doch Jesus dem Jünger Simon Petrus die Macht übertragen hatte, den gläubigen Menschen das Himmelreich aufzuschließen oder den Eintritt zu verwehren. Ebenso wesentlich sei, dass Petrus seine rechte Hand zum Segnen erhebt; damit soll die Gütigkeit des gnädigen Gottes zum Ausdruck gebracht werden. Und dann ist da noch der goldene Strahlenkranz über seinem Haupt, dieser soll die geistliche Autorität eines Oberhirten deutlich machen, die gleichsam auch den folgenden Päpsten übertragen wurde. Da kam Alessandro doch ein wenig ins Stocken. Er ergänzte dann mit einem Augenzwinkern, dass die geistliche Autorität mehr oder weniger auf die nachfolgenden Päpste übertragen wurde.

Petrus dachte sich seinen Teil. Er erinnerte sich an sein Bekenntnis damals, als Jesus seine Schüler fragte, wie sie ihn, Jesus, einschätzten. Petrus hatte nicht lange überlegt und sofort geantwortet: „Du bist der Gesalbte Gottes, der lebendige Sohn Gottes, der verheißene Messias.“ Daraufhin hatte Jesus sich ihm zugewandt und ihm gesagt, dass er mit seiner klaren Aussage ein Fels in der Brandung sei. Damals nannte Jesus ihn Petrus, obwohl er eigentlich Simon geheißen hat. Seitdem sagten alle Petrus zu ihm.

Die Erkenntnis, dass Jesus der Christus, also der gesalbte Gottes ist, ist die existentielle Grundlage für die zukünftige Gemeinde Gottes. Auf diese unerschütterliche, felsenfeste Wahrheit wollte Jesus den neuen Bund mit seinen Nachfolgern, seiner neuen Gemeinde, aufbauen.

Petrus hatte dabei symbolisch die Schlüsselverantwortung von Jesus bekommen. Er wäre somit das Schlüsselloch für den Eintritt in die neue Christengemeinde und demnach auch für den Eintrag in das Lebensbuch, in dem alle eingeschrieben sind, die später mit Christus auf der neuen Erde sein werden. Petrus wusste, dass nur Jesus selbst der Schlüssel sein kann, weil er der einzige Weg ist, der zum himmlischen Vater führt. Deshalb hatte er damals nachgefragt und wollte wissen, wie sein Meister die Schlüsselaussage gemeint hätte.

Jesus erklärte es ihm und all seinen Nachfolgern, die dabeistanden. Die Verantwortung, die Jesus ihm, dem Petrus, sinnbildlich übertragen hatte, gilt bis heute für die Hirten der Gemeinde. Sie wurden von Jesus beauftragt, das Evangelium vom Reich Gottes in der ganzen Welt zu verkündigen. Dazu ist viel Weisheit vonnöten. Jesus machte ihnen klar, dass das Evangelium keine Schönfärberei vom Jenseits ist. Wer ihm mit ungeteiltem Herzen nachfolgen will, wird manche Anfechtungen erdulden müssen. Sogar von guten Freunden oder auch von der eigenen Familie würde man eingeschüchtert werden. Evangelium annehmen und ausleben sei Charaktersache. Wer von den Menschen bereit ist, Jesus als den Messias anzuerkennen und den Leitlinien Gottes folgen möchte, der solle seinen Glauben bekennen und sich taufen lassen.

Petrus musste an die Taufhandlung denken, als Jesus von dem Täufer Johannes im Jordan getauft wurde. Johannes hatte damals sofort erkannt, dass Jesus eigentlich keiner Taufe bedurfte, denn er kann sich ja nicht selber nachfolgen. Doch Jesus bestand darauf, um damit ein Beispiel für zukünftige Taufen zu geben. Petrus erinnerte sich auch an die letzte Aufforderung Jesu, die er unmittelbar vor seiner Himmelfahrt seinen Jüngern zurief. Sie sollten den Menschen die Liebe und Verheißungen Gottes verkündigen, in der Lehre unterweisen und die gläubig gewordenen in die Gemeinde aufnehmen.

Dann gab es das Erlebnis in Jerusalem, als sich am israelitischen Erntedankfest, also 50 Tage nach dem Passa, etwa dreitausend Menschen haben taufen lassen. An diesem Tag waren auch viele Ausländer anwesend. Petrus selbst und auch seine Brüder predigten den gekreuzigten und auferstandenen Jesus. Viele kannten die Predigten von Jesus und auch seine besonderen Heilungswunder. Sie bekannten plötzlich einander ihre Sünden und wollten von den Jesusbrüdern getauft werden. Es war eindeutig der Geist Gottes, der hier wirkte. Sogar die Ausländer haben die Predigten in ihrer Sprache verstanden.

Dann gingen sie in das nahe Kidrontal am Fuße des Tempelberges zum Teich von Siloah.

Dort haben dann alle elf, also er selbst, Petrus, und seine zehn Mitstreiter die vielen Menschen getauft. Es war dann noch ein langer Sabbatabend geworden und die ersten Sterne zeigten sich am Himmel. Für alle Beteiligten war es ein Tag der Freude und des Lobes. Seit diesem Bekehrungserlebnis wuchs die Gemeinde in Jerusalem täglich, allerdings zum Ärger der jüdischen Obrigkeit.

Petrus war Realist genug um zu wissen, dass eine Euphorie nicht ewig anhält. Wenn die ersten Anfechtungen und Anfeindungen auftreten, werden manche wieder schwach werden. Da muss ständig die Gemeinschaft im Glauben gestärkt werden. Die Lehren Jesu, die Anweisungen Gottes, müssen fest im Herzen verankert werden. Jesus sagte einmal, dass nicht alle, die „Herr, Herr" sagen in das Himmelreich kommen, sondern die, die auch bereit sind, den Willen Gottes zu tun. Auch wenn Menschen, egal wie hoch sie stehen, Dinge verlangen sollten, die nicht mit dem gläubigen Gewissen vereinbar sind, sollte man immer Gott mehr gehorchen als den Menschen.

Petrus beobachtete so ganz nebenbei, wie Alessandro den etwas vorgestellten rechten Fuß der Petrusstatue streichelte. Dann sagte er zu Petrus, dass er doch auch den Fuß seines Namensvetters streicheln sollte, weil davon irgendwie ein besonderer Segen spürbar würde, zumindest würden das viele Besucher glauben.

Petrus berührte zuerst den linken Fuß und anschließend den weit mehr abgegriffenen rechten Fuß. Tatsächlich war der rechte Fuß etwas wärmer als der linke.

Alessandro blieb dann inmitten der gewaltigen Kuppelhalle stehen. Er erzählte nun, dass auch hier der große Künstler Michelangelo die Baupläne entworfen hatte. Die erhabene Kuppel soll das Himmelsgewölbe darstellen. Bis zur Spitze seien es über vierzig Meter.

Beim Anblick dieses monumentalen Bauwerkes war Petrus sehr erstaunt. Er sagte zwar, dass er von hoher Kunst nicht viel verstehen würde, aber diese meisterlichen Handwerkerarbeiten seien phänomenal und von begnadeten Künstlern geschaffen.

Dann sagte Alessandro, dass man hier in den Vatikanpalästen viele Wochen studieren könne. Rom sei voll von historischen Kirchen, zum Beispiel die Lateranbasilika, die Mutter aller Kirchen. Oder die Papstkapelle, die allerheiligste Kirche, die sogenannte Sancta Sanctorum, in der sich auch die heilige Treppe, die Scala Santa, befindet. Wenn ein Besucher die heilige Treppe auf den

Knien hochrutscht und auf jeder Stufe betet, bekommt er einen teilweisen Sündenerlass, und wenn er am Kreuzigungstag Jesu die heilige Treppe kniend hochgeht, bekommt er sogar vollen Sündenerlass. Allerdings ist am Karfreitag der Besucheransturm so groß, dass man viele Stunden warten muss, um zur Treppe zu gelangen.

Petrus konnte mit der zauberhaften heiligen Treppe und dem damit verbundenen Sündenerlass nichts anfangen. Seiner Glaubensüberzeugung nach kann nur der gnädige Gott und auch sein Sohn, also Jesus Christus, Sünden vergeben. Und das ohne fromme Gegenleistung. Als einmal ein junger Mann den Meister fragte, was er tun müsste, um das ewige Leben zu erlangen, wies ihn Jesus auf die Grundlagen hin, die Gott in seinen Geboten gegeben hat. Doch der Fragesteller war so von sich überzeugt und sagte, dass er alles bisher beachtet hätte. Da musste ihm Jesus deutlich sagen, dass Nächstenliebe mehr ist als Buchstabentreue. Jesus hätte den jungen Mann gern in seiner Gefolgschaft gehabt, doch dieser wollte nicht auf seine großen Besitztümer verzichten.

Während Petrus so in seinen Gedanken war und über die Nächstenliebe nachdachte, fing das Smartphone in der Jacke des Paters an zu vibrieren. Alessandro nahm sein Smartphone aus der

Tasche und schaute kurz auf die Bildfläche. Zu Petrus gewandt sagte er, dass Maria mit dem Mittagessen wartet. Petrus war neugierig und blickte ebenfalls auf die Meldung. Da stand wirklich die Mitteilung, wie es der Pater gesagt hatte. Sie waren beide inzwischen auch am Ausgang des Petersdomes angekommen. Petrus war noch von der Technik des Smartphone irritiert. Er hätte zu gern gewusst, was so ein kleines magisches Brettchen noch alles kann. Vielleicht kann er den Pater am Abend danach fragen.

Am Auto angekommen sah Petrus, wie Alessandro den Autoschlüssel in Richtung des Autos zeigte. Dabei leuchteten kurz zwei Lichter am Auto auf. Alessandro bemerkte die Verwunderung seines Freundes. Da erklärte er ihm, dass er jetzt mit der Fernbedienung die Autotüren entriegelt habe.

Dann ging es wieder im gewohnt rasanten Tempo durch die Stadt. Vor der Garage stehend sprach der Pater zum Lenkrad: Garage auf! Und schon öffnete sich das Garagentor.

Petrus nahm es gelassen hin, er wollte sich nicht mehr über die vielen technischen Errungenschaften wundern.

Maria hatte die Küchentür zum Flur offengelassen, so dass der ganze Flur sehr angenehm nach

Gewürzen duftete. Im Esszimmer war schon der Tisch gedeckt. Maria hatte extra für den Gast eine Flasche Traubensaft gekauft. Dazu hatte sie auch eine Karaffe Wasser zum Verdünnen hingestellt, weil der Traubensaft in der Regel sehr süß ist.

Alessandro sprach ein kurzes Tischgebet und dann wünschten sie sich einen guten Appetit.

Die gefüllten Teigtaschen schmeckten vorzüglich. Das viele Laufen in den Kirchen hat beide Männer hungrig werden lassen. Maria staunte, als der Pater sein Glas mit Traubensaft und Wasser füllte. Dann nahm der Pater nach kurzem Einvernehmen auch die Gläser von Petrus und Maria und goss die Gläser halbvoll mit Traubensaft, so dass jeder nach Belieben selbst Wasser nachfüllen könne. Alessandro meinte, man könne den Wein auch ohne Prozente gut zur Verdauung genießen. Petrus nickte dazu und dann dankte er der Köchin für das gelungene Mahl.

Alessandro sagte, dass sie noch eine gute Stunde Zeit hätten, bevor sie wieder aufbrechen müssten. Also ging Petrus in sein Gästezimmer, er nahm sich aus dem Regal ein Buch, das so aussah wie die Bibel, aus der der Pater am Morgen vor dem Frühstück gelesen hatte.

Petrus blätterte in dem Buch. Der Inhalt entsprach dem, was er von den Tora-Rollen her kannte. Neu war allerdings, dass der Text in viele Abschnitte mit Nummern eingeteilt war und dass vor manchen Zeilen noch zusätzlich kleine Zahlen standen. Sinnvoller Weise standen vor den einzelnen Abschnitten auch noch Überschriften.

Das gefiel Petrus. Der hebräische Text auf den Tora-Rollen, die er von früher kannte, war auf Pergament fein säuberlich geschrieben. Es gab keine Einteilung und nicht einmal Vokale.

Er selbst hatte damals, wie auch viele seiner Freunde, keine Schule besucht. Das Lesen und Schreiben hatte ihm sein Freund Levi beigebracht. Levi war Zolleinnehmer, bevor er von Jesus in dessen Gefolgschaft gerufen wurde. Levi konnte sogar griechisch und lateinisch lesen und schreiben. Diese Kenntnisse hat er für seinen Dienst als Zöllner gebraucht, weil ja in Israel viele Ausländer unterwegs waren.

Jesus gab dem Levi damals den Namen Matthäus, weil er ein Geschenk Gottes für die Mannschaft war. Jesus kannte seinen ehrlichen Charakter, was bei Zolleinnehmern nicht immer der Fall war. Und Levi hatte auch ein überdurchschnittliches Wissen, er kannte fast alle Prophezeiungen aus den Tanach-Büchern, besonders die, die auf das Kommen des Messias hinwiesen.

Petrus musste darüber nachdenken, wie Jesus damals des Öfteren aus den Tanach-Büchern zitiert hatte. Sowohl aus den Tora-Büchern des Mose, aus den Schriftensammlungen und auch aus den prophetischen Büchern. Sehr gut war ihm noch die Rede Jesu in Nazareth in Erinnerung, als Jesus in der Synagoge seiner Heimatstadt aus der Jesaja-Rolle gelesen hatte und zwar die Stelle, in der vom Gesalbten gesprochen wird, der den Gefangenen Freiheit verkündigt und dass die Blinden wieder sehend würden. Als er dann aber noch hinzufügte, dass diese Schriftstelle sich bereits heute erfüllt hätte, da gab es großen Widerspruch, weil sie merkten, dass Jesus die Verheißung auf sich bezog. Die Synagogenbesucher, von denen viele den Jesus von Maria und Joseph noch als Kind kannten, wollten nicht wahrhaben, dass dieser Jesus der Messias wäre.

Sie sind damals so wütend geworden, dass sie Jesus sogar umbringen wollten. Doch Jesus war auf wundersame Weise plötzlich verschwunden.

Als Petrus in dem Bibelbuch weiterblätterte, war er sehr verwundert, dass es außer den Tanach-Büchern noch weitere Abschnitte und Berichte gab. Da waren Schriften von dem Jünger Matthäus und auch von seinem ehemaligen Mitarbeiter Markus, der mit ihm in Rom nach dem Tode des Paulus gewirkt hatte. Das war höchst interessant. Aber momentan war er doch zu müde geworden.

Er wollte noch ein paar Minuten die Augen schließen. Aber da klopfte es schon an die Tür, und Alessandro sprach davon, dass die Kinder bald zum Religionsunterricht kämen.

Maria hatte im Arbeitszimmer für beide noch je einen Espresso bereitgestellt. Dabei waren auch eine Schale mit Kaffeegebäck und ein Kännchen mit Milch. Bei dem kurzen Imbiss erzählte Petrus, dass er ein wenig in der Bibel gelesen hatte, und dass er von den vielen Büchern sehr beeindruckt war, die im Regal gut geordnet stehen. Alessandro sagte ihm, dass er noch mehr und auch alte Bücher in der Bodenkammer hätte. Heute hätten viele Bücher lediglich nur noch Altertumswert, weil man über das Internet alles findet, was man lesen möchte. Selbst die Bibel kann man in allen möglichen Sprachen und verschiedenen Übersetzungen lesen. Bei dem Wort Internet holte er wieder sein kleines Smartphone hervor, dann setzte er sich ganz nah zu Petrus und hielt das Smartphone etwas von sich, so dass beide auf der Bildschirmfläche zu sehen waren. Dann drückte Alessandro auf den Auslöser, und schon war das Selfie fertig. Petrus hatte sich das Staunen fast abgewöhnt, aber hier schüttelte er wiederholt den Kopf und schaute Alessandro mit leicht zugekniffenen Augen an.

Dazu sagte er, dass man das früher alles für teuflische Magie gehalten hätte.

Alessandro fand es lustig, dass er Petrus mit so manchen Funktionen seines Smartphone überraschen konnte, und er hätte ihm gern noch mehr Applikationen vorgeführt, aber die Zeit drängte.

Auf der Fahrt zum Gemeindehaus äußerte Petrus die Absicht, sich auch so ein Smartphone kaufen zu wollen. Alessandro winkte ab, er könne gern sein altes benutzen, allerdings könne er damit nicht telefonieren, weil die dazugehörige Telefonkarte jetzt in seinem neuen Smartphone drinsteckte. Aber für den Anfang wäre das alte Smartphone ein guter Einstieg.

Am Gemeindehaus in der Nähe der Malteserkirche warteten bereits etwa zehn Jungen und Mädchen, etwa so um die 13 Jahre alt. Unter ihnen auch Matteo und zwei andere, die er zu Beginn seines Auftauchens am Fluss kennengelernt hatte. Es war eine herzliche Begrüßung.

Im Gemeinderaum war es sehr hell. Durch das große Panoramafenster gegenüber der Tür gab es genügend Licht im Raum. In der Mitte stand ein größerer Tisch, umsäumt von circa zwanzig einfachen Klappstühlen aus Metall, Sitz und Lehne waren leicht gepolstert und mit Kunstleder überzogen. An den Seitenwänden waren teils Bücherregale, teils Glasvitrinen aufgestellt. Unmittelbar vor dem großen Fenster stand noch ein Kickertisch, an dem die Kinder Tischfußball spielen konnten.

Nachdem alle ihren Platz gefunden hatten, begrüßte der Priester seine Firmgruppe und stellte den Kindern den Petrus als Onkel Peter vor. Matteo und Petrus winkten dabei freundlich einander zu. Alessandro legte Wert darauf, dass alle Teilnehmer ein persönliches Firmtagebuch führten. Darin wurde mit dem entsprechenden Datum das jeweilige Thema eingeschrieben.

In den vorangegangenen Firmstunden wurden bereits einige Abschnitte aus dem Katechismus behandelt. Alessandro erklärte den Kindern, dass der Katechismus die Grundlage für das Glaubensleben sei, er beinhaltet das allumfassende Glaubensbekenntnis der Kirche, er ist sozusagen ein Weltkatechismus.

Jedes Kind hatte eine Jugendausgabe des Katechismus vor sich liegen. Auf der Umschlagseite war ein symbolisches Ypsilon aufgedruckt.

Alessandro sagte nun, dass jeder das Kapitel aufschlagen sollte, in dem die Bedeutung des Sonntags für die Christenheit beschrieben wird.

Ein Teilnehmer sollte dazu den angegebenen Bibelvers aus dem Markusbuch vorlesen.

Der Junge, der neben Petrus saß, las den Text und Petrus schaute dabei etwas über die Schulter.

In dem Text hatte Jesus den Pharisäern, die ihn wegen Sabbatschändung angegriffen hatten, gesagt, dass der Sabbat als Abschluss der Schöpfungswoche für den Menschen gemacht wurde und nicht umgekehrt. Der Sabbat ist sozusagen die Oase am Ende einer arbeitsreichen Woche, ein von Gott gesegneter und geheiligter Ruhetag und gleichzeitig auch Gedenktag an die Schöpfungswerke Gottes. Allerdings hatten die frommen Gesetzeslehrer den Sabbat im Laufe der Jahrzehnte zu einer Last gemacht, indem sie sehr viele Zusatzregeln aufgestellt hatten. Da wurde genau beschrieben, was man am Sabbat alles nicht darf.

Als zum Beispiel die Jünger am Sabbat unterwegs am Kornfeld vorbeigingen, hatten einige doch ein paar Ähren gepflückt.

Die strengen Gesetzeshüter hatten das sofort gesehen und sich bei Jesus beschwert, weil seine Männer die Sabbatregeln missachtet hätten. Aber Jesus nahm sie in Schutz und sagte eindeutig, dass die vielen strengen Zusatzgebote den Sabbat entehrten. Der Menschensohn, und damit meinte er sich selbst, ist der eigentliche Herr des Sabbats. Der Sabbat sei ein Tag der besonderen Freude und

Lust; dabei hatte Jesus wahrscheinlich den Gedanken aufgegriffen, der am Ende der Buchrolle des Propheten Jesaja stand.

Während Alessandro sich weiter mit den Kindern über die Bedeutung des Sonntags unterhielt, musste Petrus an Markus denken, also den Johannes Markus, der in Rom zunächst viel bei dem Apostel Paulus war. Nachdem Paulus aber durch die Soldaten des Kaiser Nero hingerichtet worden war, war Markus oft mit ihm, Petrus, zusammen. Markus wollte von ihm alles über Jesus wissen, von Anfang an. Petrus hatte damals auch den Markus ermutigt, alles so aufzuschreiben, damit die Nachwelt die Berichte über Jesus und seine Lehren möglichst lebensnah erfahren könne. Petrus lehnte sich etwas zufrieden und erleichtert zurück, weil er dankbar war, dass die Aufzeichnungen des Markus in die erweiterte Bibel aufgenommen worden waren.

Alessandro war inzwischen mit seinen Erläuterungen so weit fortgeschritten, dass er der Firmgruppe ein paar Wiederholungsfragen stellte. So fragte er in die Runde, welche Bedeutung der Sonntag für einen Christen hätte. Ein Mädchen, Francesca, meldete sich und gab auch spontan die Antwort. Sie meinte, dass der Sonntag immer so ein kleines Osterfest sei, weil der tote Jesus am Sonntag wieder lebendig geworden war. Nun meldete sich auch Matteo zu Wort, und nachdem Alessandro mit seiner Hand auf ihn zeigte, sagte Matteo, dass man am Sonntag die heilige Messe besucht, um die anderen Kirchgänger zu sehen. Und falls einer fehlt, ist er vielleicht krank oder so.

Ein anderer fragte, ob es Sünde wäre, wenn er während der heiligen Messe seine Nachrichten auf dem Smartphone liest oder auch beantwortet.

Alessandro gab diese Frage an die anderen weiter. Er wollte wissen, wie die anderen darüber denken. Auch hier war Francesca sofort mit einer Antwort parat. Sie sagte, dass es dem lieben Gott bestimmt nicht gefällt, wenn man sich während der heiligen Zeremonie mit anderen Dingen beschäftige. Außerdem störe es die Nachbarn, die andächtig und still dem Priester zuhören möchten.

Petrus gefiel die kleine Francesca. Sie war wohl die Wortführerin in der Gruppe. Er war ja damals in der Jüngergruppe auch oft der gewesen, der spontan das Wort ergriffen hatte.

Alessandro holte nun sein Smartphone aus der Jackentasche und hielt es hoch. Dazu sagte er, dass es sich grundsätzlich gehört, dass das Smartphone, wenn man es schon mit in die Kirche nimmt, unbedingt auszuschalten sei. Aber die Frage, ob es eine Sünde ist, wenn man dennoch sein Smartphone während des Gottesdienstes benutzt, das liegt im Ermessen Gottes. Wer jedoch ein gläubiges Gewissen hat, wird jedenfalls alles Störende unterlassen.

Dazu muss man wissen, dass Gottes Gnade sehr groß ist. Und überhaupt kann man jederzeit sein Gewissen entlasten, wenn man bei der nächsten Beichte die Angelegenheit mit dem Priester und damit auch vor Gott bereinigt.

In Petrus Gedankenwelt türmten sich nun auch wieder viele Fragen auf. Zum einen beschäftigte ihn die Frage, welche besonderen Regeln es erst für den Sabbat geben würde, wenn schon der Sonntag so eine wichtige Bedeutung habe. Schließlich ist der von Gott geheiligte Sabbat, also der Tag des Herrn, doch wesentlich wichtiger, als der erste Wochentag.

Und zum anderen wusste er im Moment nichts mit dem Wort Beichte anzufangen. Wahrscheinlich handelt es sich um einen Vertrauensakt, wenn man seine persönlichen Gedanken und vielleicht auch fehlerhaften Taten einem guten Freund oder auch Priester mitteilt.

Petrus musste daran denken, wie er selbst damals in den Katakomben von Rom so manchen wieder aufmuntern konnte, wenn irgendetwas schiefgelaufen war. Es war ja auch eine gefährliche Zeit, denn wenn ein Christ einen Fehler gemacht hatte, wurde pauschal die gesamte Christenheit verurteilt. Man wartete sozusagen nur auf einen wenn auch noch so kleinen Grund, um die Christen zu verunglimpfen.

Deshalb war er so dankbar, dass die meisten Christen das Mustergebet von Jesus verstanden hatten, in dem es heißt, dass man einander die Sünden vergeben sollte, damit Gott auch vergeben kann. Jesus hatte damals oft erklärt, dass, wenn man seine Schuld bekennt, dann Gott auch die Schuldenlast tilgen wird.

Inzwischen hatte Alessandro sein Katechismusbuch zur Seite gelegt, dann sprach er ein kurzes Gebet, und zum Abschluss sagte er: „Gelobt sei Jesus Christus!“, worauf die Jugendlichen gemeinsam antworteten: „In Ewigkeit – Amen“. Dann strömten alle zum Ausgang.

Vor dem Haus warteten bereits mehrere Eltern in ihren Autos, um ihre Kinder abzuholen.

Nur Matteo, weil er in der Nähe von Alessandro wohnte, konnte mit dem Priester nach Hause fahren.

Kaum war Alessandro losgefahren, begann er zunächst leise ein weltbekanntes Friedenslied zu singen: Wir wollen Frieden, wir wollen Frieden, wir wollen Frieden für die ganze Welt.

Petrus merkte sofort, dass der Text nicht italienisch war. Seine Augen fingen an zu leuchten, als er den alten hebräischen Text erkannte. Jetzt sang Alessandro etwas lauter:

Hevenu schalom alejchem,
Hevenu schalom alejchem,
Hevenu schalom alejchem,
Hevenu schalom, schalom, schalom alejchem!

Auch Matteo sang trotz beginnenden Stimmbruchs leise mit. Text und Melodie waren so einfach und schön, da musste auch Petrus mit einstimmen. Es war eine lustige und fröhliche Heimfahrt.

Am Ziel angekommen stieg erst Matteo aus dem Auto und verabschiedete sich mit einem „Ciao Alessandro, ciao Onkel Peter“. Das Garagentor öffnete sich wieder auf magische Weise, ohne Zutun von Menschenhand, nur auf einen kurzen Befehl des Fahrers.

Petrus nahm es wieder gelassen hin, aber er musste an Worte des Propheten Daniel denken. In den prophetischen Büchern war eine Vision Daniels beschrieben, in der ein Stein ohne Zutun von

Menschenhand auf die Erde zurollt und alles zermalmte. Das wäre sozusagen das Ende der alten Erde und zugleich auch der Beginn der neuen Welt Gottes.

Jesus sagte einmal, sein Reich sei nicht von der Art dieser Welt. Wenn also der Allmächtige den roten Knopf drückt, wird Jesus wiederkommen und alle zu sich nehmen, die ihn, Jesus Christus, zu Lebzeiten angenommen und sich zu ihm bekannt hatten. Allerdings kennt niemand diesen letzten Zeitpunkt im Terminkalender Gottes.

Alessandro wollte Petrus nun erst einmal den schönen Garten zeigen. So halb zwischen zwei Atlaszedern stand eine Bank aus Eiche, von der aus man einen guten Überblick über den hinteren Garten hatte. Die Nachmittagssonne lud beide ein, sich hinzusetzen. Alessandro holte einen Putzlappen hervor, der unter der Sitzfläche versteckt war, und befreite erst einmal die Bank von heruntergefallenen Nadeln. Auf der Bank sitzend konnte jeder erholsam durchatmen. Es war ja fast wie im Paradies. Ein paar Vögel zwitscherten auf den Bäumen, und die Katze aus dem Nachbargrundstück kam neugierig herübergelaufen, um zu sehen, wer in ihr Revier eingedrungen war. Der Pater war für sie ein guter Bekannter, und sie setzte sich wohlwollend und schmusewillig auf seine Beine.

Alessandro zeigte auf den unteren Teil des Gartens, wo ein kleiner Teich zu erkennen war und um den ringsherum einige Birken standen. Er erzählte, dass Maria dort einige Goldfische ausgesetzt hatte, aber der Graureiher hatte das Geschenk dankbar angenommen. Dabei musste er lachen und meinte dazu, dass der Graureiher auch gut leben möchte.

So nebenbei fragte Alessandro den Petrus, welche Meinung er zu der Reli-Stunde habe und wie sie ihm gefallen habe. Dazu ergänzte er sofort, dass die Kinder heute sehr diszipliniert waren; wahrscheinlich, weil der Onkel Peter hospitiert hatte. Petrus hüstelte etwas, bevor er seine Gedanken äußerte. Dann sagte er, dass ihm die Stunde sehr gut gefallen habe. Besonders Francesca hatte es ihm angetan. Ihre Schlagfertigkeit und ihre Einstellung zu christlichen Umgangsformen haben ihn sehr erfreut.

Petrus fragte nun seinerseits, wieso und seit wann der Sonntag für die Christenheit so eine wichtige Bedeutung habe. Er wusste noch, dass die alten Römer die Woche mit der Verehrung des Sonnengottes begannen. Insofern hatte der Sonntag im heidnischen Rom eine wichtige Bedeutung.

Zur Zeit Neros gab es bereits in Rom und Umgebung circa 30000 Christen. Weil die meisten Christen die Verehrung der Götter und die Anbetung des gottgleichen Kaisers ablehnten, passten sie nicht in die römische Kulturlandschaft und wurden deshalb oft brutal verfolgt.

Alessandro nahm die Sonntagsfrage von Petrus nicht richtig ernst. Petrus als gelehrter Hobbytheologe musste doch wissen, dass der Tag des Herrn schon im zweiten und dritten Jahrhundert vom Sabbat auf den Sonntag übergegangen war.

Als Alessandro dann doch auf die Frage des Petrus einging, verwies er auf die alten Kirchenväter und Apologeten. Besonders einflussreich war damals Justinus, der später aufgrund seiner christlichen Überzeugung als Märtyrer starb. Justinus war eigentlich ein Philosoph. Er hatte die griechischen und römischen Philosophien studiert. Erst als er sich mit der Geschichte Israels und seiner Propheten und Schriften vertraut machte, ließ er sich vom Christentum überzeugen. Die christliche Lehre wurde seine neue Herzensphilosophie.

Alessandro erklärte, dass es damals die Zeit war, als sich die Christen von alten jüdischen Traditionen trennten. Das neue Christentum wurde außer von Justinus wesentlich auch von den gelehrten Origenes und Eusebius beeinflusst, später dann von Augustinus. Und weil schon bei den alten Griechen und Römern der jeweilige Sonnenkult hoch im Kurs stand, war es naheliegend, den Ruhetag nicht am siebenten, sondern am ersten Wochentag, dem Tag der Sonne, zu feiern.

Das passte auch gut in die christliche Botschaft von der Auferstehung Jesu am ersten Tag der Woche. Auch der Geburtstag Jesu wurde auf den 25. Dezember festgelegt, das war der Tag, an dem die alten Römer den Geburtstag des Sonnengottes feierten. Von da ab wurde die heilige Nacht auf Jesus übertragen, weil er das Licht der Welt und die Sonne der Gerechtigkeit geworden ist. So hat man sinnvollerweise römische Festtage christianisiert.

Da musste Petrus doch einhaken und fragte deshalb, ob es denn auch noch Christen gäbe, die den Tag des Herrn weiterhin am Sabbat feierten. Alessandro überlegte eine Weile, dann meinte er, dass es durch die Jahrhunderte hindurch noch etliche Sabbathalter gegeben habe, die den neuen Tag des Herrn nicht akzeptieren wollten. Auch heute noch gibt es die so genannten Sabbatisten. Eigentlich müsste doch jeder Christ wissen, dass der Sabbat nur für das Volk Israel ein ewiges Zeichen sei. Allerdings frage er sich manchmal, ob die Gebote Gottes auch für das neue geistliche Israel gelten.

Schließlich betet man ja im Vaterunser: Dein Wille geschehe wie im Himmel so auf Erden. Und es war nun mal die Absicht Gottes, die Schöpfungswoche mit dem siebenten Tag abzurunden.

Alessandro erzählte weiter, dass er während des Studiums im Pricsterseminar alle möglichen Enzykliken und Apostolische Schreiben der älteren und neueren Päpste studiert hatte. Im Zusammenhang mit dem Sonntag erinnerte er sich an eine Veröffentlichung von dem Papst Johannes Paul dem Zweiten. Diese Schreiben war überschrieben „Dies domini".

Im Seminar haben sie damals viel diskutiert, es gab unterschiedliche Meinungen. Der Papst führte zwar viele Begründungen für die Sonntagsheiligung auf, allerdings fehlte das doch so wichtige Argument, dass nämlich Jesus oder auch die ersten Apostel auf eine zukünftige Heiligung des ersten Wochentages hingewiesen hätten. Jesus hatte im Hinblick auf die spätere Zerstörung Jerusalems sogar gesagt, dass die Flucht vor den römischen Invasoren nicht am Sabbat geschehen sollte. Da gab es noch keinen Hinweis darauf, dass in Zukunft der erste Tag der Woche wichtiger werden sollte als der Sabbat.

Auch ein anderer Makel der Sonntagsheiligung wurde erörtert, dass nämlich ein weltlicher Herrscher, also der Kaiser Konstantin, den Christen die römische Sonntagsheiligung aufgedrückt hatte. Er berief auch das erste Konzil der Christenheit ein, damals in Nicäa, obwohl ein solches Konzil eigentlich Sache des damals dominanten Patriarchen von Alexandrien gewesen wäre. Es war ein politischer Schachzug von Kaiser Konstantin gewesen, bei dem Konzil als Schiedsrichter bei den inzwischen aufgetretenen Lehrmeinungen zu fungieren. So konnte unter seiner Oberherrschaft schließlich die Christenheit zur Staatsreligion im römischen Imperium werden.

Alessandro kam wieder auf das Priesterseminar zu sprechen und sagte, dass der Dozent damals die Diskussion beendet hatte und lediglich sagte, dass es Jesus und die Apostel wahrscheinlich versäumt hätten, auf den zukünftigen heiligen Sonntag hinzuweisen. Und ohne die Sonntagsheiligung gäbe es schließlich die römische Kirche gar nicht. Dabei zeigte der Dozent ein verschmitztes Lächeln.

Mit dieser Erklärung mussten wir uns letztendlich zufriedengeben.

Was sollte Petrus dazu sagen? Er hatte von Jesus gelernt, dass dieser oft mit einem Gleichnis seine Lehre verdeutlicht hatte. Also versuchte auch Petrus ein passendes Gleichnis zu formulieren. Er erzählte dem Alessandro, dass ein Vater zwei Kinder hatte, einen Sohn und eine Tochter. Sie würden beide am nächsten Tag ein besonderes Geschenk bekommen. Da kam ein reicher Gelehrter, der den Kindern sagte, dass das Geschenk erst einen Tag später abgeholt werden könne. Die Tochter liebte den Vater und vertraute dessen Worten, und sie holte sich am vereinbarten nächsten Tag ihr Geschenk ab.

Dann ergänzte Petrus noch, dass Jesus viel von der wunderbaren Schöpfung gesprochen hatte. Der Allmächtige hatte damals den Menschen zwei Geschenke aus dem Paradies als besondere Segensgaben mitgegeben, nämlich den Sabbat als ewigen Gedenktag an die Schöpfung und auch die Ehe, damit die Menschen Liebe und Vergebung, aber auch gegenseitige Achtung und Geduld üben könnten.

Nachbars Katze war inzwischen wieder im Garten unterwegs. Sie beobachtete die kleinen Singvögel, die sich im Gebüsch aufhielten. Als sie gerade zum Sprung ansetzte, klatsche Alessandro in die Hände. Alle Vögel flogen fluchtartig davon. Zu Petrus gewandt sagte er, dass wir Menschen auch manchmal so ein Alarmsignal bräuchten, wenn Gefahr droht.

Petrus stimmte dem zu. Es könnte in der Welt viel friedlicher zugehen, wenn alle nach den Geboten und Empfehlungen Gottes leben würden. Alessandro sagte dazu, dass es leider in der Welt zuviel Egoismus gibt. Seit der ersten Generation der Menschheitsgeschichte sind Neid und Habsucht die Wurzel allen Übels. Selbst das heilige Volk Gottes durchlebte so manche Höhen und Tiefen im Laufe der Jahrhunderte. Durch Anpassung an heidnische Sitten und Praktizierung des Götzendienstes wurde die Liebe zu Gott und seinen Geboten immer mehr vernachlässigt.

So musste Gott immer wieder seine Propheten ins Land Israel schicken, um seinem Volk die Güte, Gnade und Liebe Gottes zu predigen. Oftmals hörte man aber lieber auf andere Propheten, die mit wohlgefälligen Schmeichelreden den Ernst der Lage schönredeten. Ein positives Beispiel war allerdings der König von Ninive, der den Warnungen des Propheten Jona geglaubt und damit seine Stadt vor der Vernichtung gerettet hatte. Manchmal sind eben Menschen in heidnischer Umgebung empfänglicher für die Botschaften Gottes als die Kinder und Könige des heiligen Volkes.

Alessandro erzählte weiter, dass die Mitglieder des Hohen Rates damals in Jerusalem eigentlich hätten erkennen müssen, dass der erste Bund, den Gott mit Abraham geschlossen hatte, spätestens dann Geschichte war, als der Vorhang im Tempel ohne Fremdeinwirkung zerriss. Damit war endlich der Opferkult in Israel zu Ende. Nun war die Zeit gekommen, dass Gott einen neuen Bund mit dem geistlichen Israel gründen konnte, so wie es die alten Propheten vorhergesagt hatten. Heute ist nun die heilige Kirche das neue Volk Gottes.

Petrus zeigte sich erstaunt über so viel Grundwissen. Er attestierte dem Pater, dass er sein Theologiestudium mit Erfolg absolviert hatte.

Alessandro schaute wieder auf sein kleines Smartphone und meinte, es sei Zeit ins Haus zu gehen. Maria wird schon ein Abendimbiss bereitet haben.

Maria war gerade dabei, die Pizza in den Backofen zu schieben. Sie rief den beiden Männern zu, dass sie in einer Viertelstunde in die Küche kommen sollten. Alessandro ging erst einmal ins Bad, um sich die Hände zu waschen und sich frisch zu machen. Nach dem Reinigen der Gartenbank und dem Streicheln der Katze war das schon dringend notwendig geworden. Mit einem Kleberoller musste er auch die feinen Katzenhaare auf seiner Hose entfernen.

Petrus hatte es sich bereits in der Küche bequem gemacht, nachdem er auch schon die Waschgelegenheit benutzt hatte.

Er fragte Maria, wie sie den Tag verbracht habe. Sie erzählte ihm, dass sie bei ihrer älteren Schwester Anna war, die nur zehn Minuten weit weg wohnt. Ihre Schwester sei schon Rentnerin, und sie vermietet ab und zu ein Zimmer hauptsächlich an Handwerker, die in Rom auf Montage sind. Maria erzählte weiter, dass sie ihrer Schwester auch von dem neuen Gast im Hause des Paters berichtet hatte. Und ihre Schwester würde auch gern einmal den Herrn Peter kennenlernen. Vielleicht könnten sie am nächsten Tag die Schwester besuchen, wenn der Pater zur Konferenz im Magistralpalast ist. Petrus erklärte, dass er gern bereit sei, ihre Schwester Anna zu besuchen, allerdings wusste er noch nichts von einer Konferenz, an der der Pater teilnehmen wollte.

Alessandro kam soeben in die Küche und hörte noch etwas von einer Konferenz. Er setzte sich zu Petrus an den Esstisch und sagte ihm, dass er morgen an einer Konferenz der Malteser teilnehmen müsse. Die Sitzung würde schon am Vormittag um 9 Uhr beginnen und den ganzen Tag über dauern. Es ginge wieder um humanitäre Hilfen der Malteser in verschiedenen Ländern Afrikas und

Asiens. Er, also Peter, würde in den fürsorglichen Händen von Maria gut aufgehoben sein. Maria sagte dazu, dass sie schon etwas vorhätten.

Inzwischen waren die 15 Minuten um und Maria holte die Pizzen aus dem Backherd. Sie erklärte, dass sie dieses Mal eine vegetarische Pizza zubereitet habe, mit viel Oliven, Tomaten, Paprika und Mozzarella. Dann streute sie noch etwas Oregano auf die Pizzen und sagte, dass dieses Gewürz sehr gesund sei. Schließlich müsse sie auch auf die Gesundheit und die nicht mehr schlanke Linie des Paters aufpassen.

Alessandro verstand die wohlgemeinte Spitze auf seine Figur und musste laut lachen. Doch dann konterte er und sagte, dass Maria wahrscheinlich nicht nur seinetwegen kalorienbewusst kocht und bäckt. Maria schnalzte daraufhin kurz mit der Zunge, aber sie sagte nichts dazu. Sie stellte noch Teegläser und frisch gebrühten Kräutertee auf den Tisch.

Alessandro sprach wieder ein kurzes Dankgebet, und er dankte zusätzlich auch für die Hände, die alles so schön zubereitet hatten. Petrus beobachtete, wie ein kleines Lächeln in Marias Gesicht zu sehen war.

Alessandro war etwas neugierig und wollte wissen, was Maria und Peter am nächsten Tag vorhätten. Am Vormittag, so sagte Maria, wollten sie ein paar Geschäfte aufsuchen. Schließlich braucht Peter vielleicht ein paar Anziehsachen. Und sie wollte auch mal die preisgesenkten Angebote durchstöbern. Alessandro sagte zu Petrus, dass es die Lieblingsbeschäftigung von Maria sei, durch die Geschäfte zu gehen. Manchmal kaufe sie auch Dinge, die wirklich gebraucht werden. Maria schaute nun etwas mit finsterer Miene zu Alessandro, aber es gelang ihr nicht richtig. Sie sagte fast respektlos, aber immerhin freundlich, dass manchmal sogar studierte Männer etwas Gutes leisten könnten. Alessandro neigte sich ein wenig dem Petrus zu und sagte leise zu ihm, dass Frauen gern und meistens das letzte Wort haben möchten. Und etwas lauter sagte er dann, dass er sehr glücklich sei, in Maria eine so gute und kompetente und wirtschaftliche Frau im Hause zu haben.

Petrus lobte nun auch seinerseits die wohlschmeckende Pizza und bedankte sich wieder auf seine gestenreiche Art.

Alessandro sagte, dass er sich noch etwas auf die morgige Konferenz vorbereiten müsse. Er wolle Peter gern einmal zeigen, welche Projekte die Malteser so überall in der Welt haben. Im Arbeitszimmer angekommen, holte Alessandro eine Weltkarte aus dem Schrank und breitete sie auf dem Tisch aus. Auf dieser Karte waren viele Stellen markiert, wo sich also überall karitative Einrichtungen befinden. Alessandro erklärte, dass der Malteserorden schon seit Tausend Jahren existiert. Er wurde damals in Jerusalem gegründet. Seitdem leistet der Orden humanitäre Hilfe überall in der Welt, dort wo es nötig und am Nötigsten ist. Dazu zeigte Alessandro viele Bilder von verschiedenen Hilfsprojekten.

Petrus war sehr beeindruckt von der weltweiten christlichen Hilfe. Er sagte, dass es ganz im Sinne Jesu sei, den Armen und Ärmsten in der Welt zu helfen, egal welche Nationalität oder Weltanschauung die Hilfsbedürftigen hätten. Petrus musste an eine wichtige Rede von Jesus denken, die er in der Nähe von Kapernaum auf einem Berg hielt. Jesus sagte damals, dass die Barmherzigen errettet und ebenfalls Barmherzigkeit erfahren würden.

Petrus ließ nun seine Blicke im Zimmer umherschweifen. Dabei entdeckte er einen eingerahmten Spruch an der Fensterwand. Beim genauen Hinsehen konnte er feststellen, dass es so etwas wie ein Gedicht wäre. Das Autorenkürzel „A. B.“ deutete auf Alessandro Berotti hin.

Alessandro kam etwas verlegen dazu und meinte, dass er dieses Gedicht vor langer Zeit in einer geistlichen und philosophischen Mußestunde aufgeschrieben hatte. Er wollte es damals eigentlich in einer christlichen Zeitschrift veröffentlichen, aber er hatte Sorge, dass seine Gedanken falsch interpretiert würden. Deshalb hat er es nur für sich eingerahmt und hier im Arbeitszimmer aufgehängt. Petrus war nun noch mehr neugierig geworden und las jetzt den gesamten Text.

Drei Geschwister

Drei Geschwister sind in dieser Welt:
Der Glaube, der Zweifel und das Wissen.
Sie philosophierten über das große Himmelszelt,
über Raum und Zeit und über das Gewissen.

Das Wissen meinte: Alles klar!
Die Welt ist groß und schön.
Das Himmelszelt umspannt den Raum;
die Zeit bleibt niemals stehn.

Und das Gewissen ist ein Produkt von Jahrmillionen,
gewachsen durch Erfahrung, Einbildung und Visionen.
Für mich kann es deshalb nur eine Devise geben:
Durch Wissen und Erkennen geht`s aufwärts im Leben.

Bruder Zweifel nickte voller Bedenken über des Wissens Philosophie.
Raum und Zeit haben vielleicht doch ihre Grenzen – was Genaues weiß man nie.
So sind zum Beispiel viele Tausende Sterne im Raum verteilt,
und ob unsere Erde einem solchen Stern zueilt?
Oder ob ein Komet die Erde berührt – und vielleicht auch zerstört,
oder ob eine allmächtige Hand unser riesiges Weltall in den Händen hält?

Und überhaupt, das versteckte Gewissen bestätigt meines Lebens Sinn:
Unendliches Forschen bringt noch lange kein Gewinn.
Für mich kann es deshalb nur eine Devise geben:
Durch Skepsis und Widerspruch geht`s aufwärts im Leben.

Bruder Glaube hörte sich alles erstaunt und gelassen an, dann fing auch er zu reden an.
Also, ich glaube – und das mit Sicherheit – dass unser Weltall weit und breit unendlich ist,
und eine ebenso unendliche und ewige Intelligenz die Zeit bemisst.

Dieser, sagen wir mal, große und allmächtige Gott, der überall im Weltraum thront, der auch ganz nah sein kann und uns mit seiner eigenen Materie umgibt,
der alles gemacht hat – und der jeden Menschen unendlich liebt, der sich offenbart hat in seinem Sohn und in seinem Wort, damit wir an ihn glauben in jeder Situation und an jedem Ort.

Die Stimme des Gewissens sind Signale seiner Existenz und seiner Gütigkeit, er will mich damit leiten – im Alltag und zu jeder Zeit,
Für mich kann es deshalb nur eine Devise geben:
Fester Glaube an den Allmächtigen ist die Basis für ein sinnerfülltes Leben.
- A. B. -

Petrus schüttelte erstaunt seinen Kopf und sagte dann zu Alessandro, dass am Ende noch etwas fehlen würde. Nun schaute Alessandro ihn von der Seite an und fragte, was denn noch ergänzt werden müsste. Petrus erwiderte mit lächelndem Gesicht, dass er noch „Ja – Amen“ darunterschreiben müsste, denn das Fazit des Gedichtes sollten alle Menschen annehmen und beherzigen.

Petrus verabschiedete sich von Alessandro und ging in das Gästezimmer, um sich für die Nacht fertig zu machen. Aber zunächst holte er noch einmal die Bibel hervor, die er schon in der Mittagszeit aufgeschlagen hatte. Ihn interessierte vor allem, was in dem hinteren Teil des Buches noch alles zu finden war.

So las er erst einmal die letzten Zeilen der Bibel:

Es spricht, der dies bezeugt: Ja, ich komme bald.
Die Gnade des Herrn Jesus sei mit allen!

Beim Lesen dieses Textes bekam Petrus Gänsehaut. Das war genau die Botschaft, die er und die anderen Apostel gepredigt hatten. Aber hier bezeugt Jesus selbst, dass er einmal plötzlich wiederkommen werde. Der Schreiber hat hier den Herrn zitiert. Und seine Antwort und Bitte sind genau der Gruß, mit dem sich die Christen damals untereinander begrüßten. Da konnte Petrus nicht anders, als die Hände zu falten und leise zu rufen: „Maranata – komm Herr Jesus!“

Damals, als Jesus in den Himmel aufgenommen wurde, standen auch zwei Männer in weißen Kleidern dabei, die keiner kannte. Aber die Beiden erklärten, dass Jesus so wiederkommen würde, wie er in die Wolken aufgefahren sei. Seit dem warten und warteten die Christen, dass ihr Christus hoffentlich bald wiederkommen werde. Er, Petrus, hatte die Gläubigen immer wieder zur Geduld ermutigt. Aber als ein Jahr nach dem anderen verging, ließ die Spannung langsam nach. Und viele, die das Wiederkommen ihres Herrn noch zu Lebzeiten erwartet hatten, starben. Auch in den Katakomben in Rom hatte er wiederholt die Naherwartung gepredigt. Er vertröstete die Gläubigen dann mit den Worten, dass in den nächsten fünf Jahren Christus wiederkommen würde. Und als diese Zeit um war, hatte er dann zehn Jahre in Aussicht gestellt.

Nun sind aber schon zwanzig mal Hundert Jahre vergangen.

Petrus hob die Hände empor und betete fast verzweifelt: „Herr, wie lange noch? Wann wirst du endlich wiederkommen und dein Versprechen einlösen?“. Dann überlegte Petrus, wie lange es eigentlich gedauert hatte bis der nach dem Sündenfall verheißene Messias, also Christus der Gesalbte, geboren wurde? Gott hatte den Generationen einen sehr langen Zeitraum zugemutet, nämlich vierzig mal Hundert Jahre.

Allerdings hatte der Allmächtige immer wieder Menschen als besondere Botschafter zugerüstet, die den kommenden Messias ankündigten. So blieb auch schon damals vor langer Zeit eine gewisse Naherwartung erhalten. Sogar der Tod Jesu wurde in den prophetischen Büchern angedeutet.

Zum Beispiel steht es im Buch Daniel, dass der Gesalbte ausgerottet würde. Es ist als wollte der Allmächtige dem Daniel seinen göttlichen Kalender mitteilen, denn er verrät ihm seinen prophetischen Zeitplan. Da wird von zweitausenddreihundert prophetischen Tagen gesprochen und weiter dann von siebzig Jahrwochen, und dass in der Mitte der letzten Woche die Opferzeremonien aufhören sollten. Das muss doch genau der Zeitpunkt gewesen sein, als im heiligen Tempel in Jerusalem der streng geschützte Vorhang geheimnisvoll von oben nach unten zerriss. Damit war jeglicher tierische Opferdienst in Israel hinfällig geworden, weil in dieser Stunde Jesus als das verheißene Opferlamm am Kreuz von Golgatha starb. So sind nun mal Gottes Wege und die Erfüllung seiner Verheißungen.

Petrus grübelte noch etwas über die langen Zeiträume in Gottes Terminkalender. Er wusste, dass in den Mosebüchern einmal eine Zeitangabe von vierzig Tagen verkündet wurde, die eigentlich vierzig Jahre bedeuten sollten. Vielleicht ist dieser Zeitschlüssel auch für die prophetischen Zeitspannen anwendbar? Damit sollten sich Bibelausleger und theologisch gebildete Gelehrte einmal beschäftigen. Und Petrus wusste auch, dass der alte Prophet Daniel eine Endzeitvision hatte, die im letzten Teil seines Buches beschrieben wird. Demnach soll am Ende eine sehr große Not herrschen, wie sie nie vorher gewesen war. Dann soll auch das Volk Gottes, also jeder, der im Buch des Lebens steht, gerettet werden. Damit kann nur die sehnlichst erwartete Wiederkunft Jesu gemeint sein. Und dem Daniel wurde in dem Zusammenhang auch offenbart, dass diese Botschaft geheimnisvoll bleiben würde und erst am Ende der jetzigen Menschheitsgeschichte erforscht und verstanden würde.

Über dem vielen Nachdenken war Petrus nun doch müde geworden. Er legte das Bibelbuch wieder zurück in das Regal, kippte den Fensterflügel, ging dann in den Waschraum und machte sich im Zimmer endlich bettfertig. Nach einem kurzen Abendgebet legte er sich schließlich nieder und schlief bald ein.

Tag drei – Besondere Begegnungen in Rom

Am neuen Morgen wurde Petrus wieder vom Vogelgezwitscher geweckt. Sehr zeitig war dieses Mal eine Amsel zu hören. Ihm kam es vor, als ob die Amsel ihn besonders wecken wollte. In dem Amselruf hörte er ganz deutlich: „Peter auf, Peter auf". Aber Petrus wollte noch nicht aufstehen. Was sollte er auch so zeitig im Hause tun? Er zog sich noch mal die Decke über den Kopf und döste etwa eine Stunde weiter so vor sich hin.

Dann endlich hörte er Schritte im Gang. An der Schrittfrequenz erkannte er, dass es Maria sein musste.

Also stand er nun doch schnell auf und ging in den Waschraum. Hier bemerkte er, dass der Pater sich rasiert haben muss. Der Duft nach frischem parfümierten Wasser lag noch in der Luft. Wahrscheinlich hat sich der Pater wegen der Konferenz besonders chic gemacht. Dabei strich er sich über seinen Vollbart und dachte so bei sich, dass er eventuell auch seinen Bart abschneiden lassen sollte.

Petrus ging dann wieder durch die Küche in das Esszimmer. Er schaute dabei auch auf den Wandteller mit den römischen Zahlen. Es war also wie am Tag zuvor etwa gegen halb acht. Der Pater saß bereits am Tisch und las wohl die neuesten Nachrichten in der Zeitung. Mit einem freundlichen Hallo und guten Morgen begrüßten sich alle drei. Petrus fragte den Pater, wann er denn schon aufgestanden sei. Alessandro lächelte und legte die Zeitung zur Seite. Er würde immer schon um sechs Uhr in der Früh aufstehen. Dann mache er seine Morgengymnastik, also Beinbewegungen in alle mögliche Richtungen, Armkreisen nach rechts und links und zum Abschluss mache er noch zwölf Kniebeuge. Falls das Wetter es erlaube, laufe er manchmal auch noch bis zum Wald und zurück. Die leichten sportlichen Übungen seien ihm wichtig, damit er bei der vielen sitzenden Tätigkeit nicht steif werde. Dabei zeigte er wieder sein spaßiges Lächeln und nahm schon einmal einen kleinen Schluck von dem bereitgestellten Kaffee. Er ergänzte noch, dass er lediglich am Sonntag auf den Frühsport verzichte, weil er sich auch einmal einen Tag ohne Sport gönnen möchte.

Alessandro nahm nun wieder seine Bibel zur Hand und las den Anfangstext aus dem Psalmbuch:

Wohl dem, der nicht wandelt im Rat der Gottlosen noch tritt auf den Weg der Sünder noch sitzt, wo die Spötter sitzen, sondern hat Lust am Gesetz des

Herrn und sinnt über seinem Gesetz Tag und Nacht!

Der ist wie ein Baum, gepflanzt an den Wasserbächen, der seine Frucht bringt zu seiner Zeit, und seine Blätter verwelken nicht. Und was er macht, das gerät wohl.

Aber so sind die Gottlosen nicht, sondern wie Spreu, die der Wind verstreut. Darum bestehen die Gottlosen nicht im Gericht noch die Sünder in der Gemeinde der Gerechten.

Denn der Herr kennt den Weg der Gerechten, aber der Gottlosen Weg vergeht.

Dann sprach Alessandro noch ein Morgengebet und dankte gleichzeitig für das gute Frühstück.

Petrus nahm noch einmal Bezug auf den Psalmtext und sagte zu Alessandro, dass Jesus seinerzeit viel aus den Psalmen zitiert hatte. Gerade auch die Lust am Gesetz des Herrn, sowie die Freude über und die Dankbarkeit für dieses Gesetz seien charakteristisch für einen Christenmenschen. Selbst wenn Himmel und Erde vergehen würden, so würden doch die Ordnungen Gottes bestehen bleiben.

Alessandro nickte dazu, aber er hatte jetzt nicht die Zeit darüber zu disputieren. Er wolle rechtzeitig zum Konferenztermin anwesend sein.

Nach dem Frühstück holte er noch seine Unterlagen aus dem Arbeitszimmer, und mit einem freundlichen „Ciao – bis heute Abend“ verließ er das Haus.

Maria atmete hörbar erleichtert auf und sagte, dass sie keine Hektik mag. Man hätte doch mehr vom Leben, wenn alles ohne Zeitdruck vonstatten ginge.

Petrus erwiderte, dass manchmal jedoch Zeitdruck notwendig sei, sonst würden manche Leute es zu nichts bringen. Um aber wieder ins rechte Lot zu kommen, hat uns der liebe Gott einen Ruhetag in der Woche verordnet.

Maria war mit ihren Gedanken schon wieder bei der Tagesplanung. Das Geschirr hatte sie so nebenbei in einen Schrank gestapelt und dann auf einen Knopf auf der Frontseite gedrückt. Dann sagte sie zu Petrus, dass die Spülmaschine eine Weile zu tun hätte, deshalb könnten sie sich nun langsam auch aufmachen, die Geschäfte wären schon offen.

Sie zog sich noch einen leichten Mantel über und ging dann durch den Hinterausgang zu ihrer Garage. Petrus folgte ihr und wunderte sich noch über die sogenannte Spülmaschine. Das muss auch wieder so ein technisches Wunderwerk sein, dachte er bei sich.

Fast lautlos, man hörte nur das Geräusch der Reifen, fuhr Maria aus der Garage. Petrus fragte beim Einsteigen, ob dieses Auto über Batterie angetrieben würde. Daraufhin erklärte Maria, dass im Auto eine mittelgroße Batterie eingebaut sei. Man kann damit circa 300 Kilometer fahren. Für den Stadtverkehr sei das ausreichend. Petrus schaute wieder gespannt auf den schnellen Straßenverkehr. Radfahrer jonglierten zwischen den vielen Autos. Vor ihnen fuhr nun ein riesengroßer Laster, und Maria schimpfte ein wenig, weil der Laster die Sicht versperrte.

Dann endlich fuhr sie in eine tiefer gelegene große Halle, in der schon viele Autos abgestellt waren. Petrus konnte noch über der Einfahrt das Wort Parkhaus lesen.

Petrus war innerlich dankbar, dass Maria sich so gut in Rom auskannte. Ohne sie wäre er orientierungslos. Sic gingen beide in eine Kabine in dem Parkhaus, Maria drückte einen Knopf und schon setzte sich der Aufzug in Bewegung. Petrus musste sich schnell an einer Haltestange festhalten. Beim Hinaustreten auf die Straße fragte Maria, ob Peter eigentlich eine Tasche hätte. Als Petrus verneinte, fragte sie ihn weiter, ob er denn irgendwie vom Himmel gefallen sei. Jeder Mensch hätte doch Gepäck, wenn man unterwegs ist und auf Reisen sei. Daraufhin sagte Petrus, dass er doch wahrscheinlich vom Himmel gefallen sei. Dann lachten beide und Maria sagte noch freundlich dazu, dass ihr so was noch nicht vorgekommen sei.

In einem großen Warenhaus angekommen, suchte Maria als erstes nach den Angeboten und Schnäppchen. Da war auch eine rucksackähnliche Tasche dabei. Petrus erinnerte sich, dass ein Kind von der Firmgruppe auch so einen Ranzen dabeihatte. Maria fragte ihn, ob er diese Tasche haben möchte. Petrus begutachtete nun den Ranzen und meinte, dass diese Tasche sehr praktisch sei. Die würde er kaufen.

Maria dachte so bei sich, dass ihr Peter wahrscheinlich auch keine Wäsche zum Wechseln habe. Sie fragte ihn nun, was er alles benötigen würde. Petrus sagte, dass er von allen etwas bräuchte. Also ging Maria mit ihm in die Wäscheabteilung und suchte passende Socken, Unterwäsche und auch noch ein Hemd und eine strapazierfähige Hose aus. In der Hutabteilung suchte Maria noch eine sportliche Flatcap aus, damit er bei der Hitze des Tages sein lichtes Haupt bedecken kann. Petrus schaute sie mit dankbaren Augen an und meinte, sie sei wie eine fürsorgliche Mutter für ihn.

Dank der großartigen Spenden von den Malteserbrüdern konnte er dann auch alles bezahlen.

Maria wollte noch in ein weiteres Geschäft gehen, wo sie aber den Petrus nicht dabeihaben wollte. Sie bat ihn deshalb, auf einer Bank zu warten, bis sie wiederkäme. Also setzte sich Petrus auf eine der zahlreichen Bänke und begutachtete noch mal die neue Mütze. Dann legte er sie neben sich auf die Bank mit der offenen Seite nach oben. Weil er aber noch ziemlich ungepflegt aussah, dachten viele Passanten, dass Petrus ein armer Straßenbettler wäre. Und so legten einige Vorübergehende ein paar Münzen und auch Scheine in die offene Mütze. Petrus wunderte sich sehr, dass es so viele barmherzige Samariter in Rom gibt. Am Ende hatte er fast wieder so viel bekommen, wie er beim Einkaufen ausgegeben hatte.

Als dann bald Maria wiederkam, war sie ebenso erstaunt über die besondere Einnahmequelle.

Sie sagte zu Petrus, dass es in Rom viele freundliche Menschen gäbe, die gern ehrlichen armen Menschen helfen möchten. Aber nun müssten sie sich aufmachen und zu ihrer Schwester Anna fahren.

Es war schon fast Mittagszeit, als beide bei Marias Schwester ankamen. Anna erwartete sie bereits. Es war eine herzliche Begrüßung; die beiden Schwestern umarmten sich. Maria sagte nun zu Anna, indem sie auf Petrus zeigte, dass das hier der Herr Peter sei, von dem sie ihr schon tags zuvor erzählt hatte. Petrus stellte sich als Peter Schimonon vor, aber sie solle doch auch einfach Peter zu ihm sagen. Anna führte ihre Gäste erst einmal in das Wohnzimmer. Bevor sich Petrus an den Tisch zu Maria setzte, schaute er sich im Zimmer etwas neugierig um. Bei einem Bild blieb er stehen. Es war ein sehr schönes Familienfoto. Maria stellte sich jetzt auch dazu und erklärte, dass hier ihre Schwester Anna mit ihrem verstorbenen Mann Gustave und Tochter Elisabeth zu sehen seien. Anna ergänzte, dass das Bild schon viele Jahre alt sei. Ihr Mann sei schon vor zehn Jahren an Lungenkrebs gestorben. Und Elisabeth wohne in der Schweiz. Sie ist dort mit einem ehemaligen Schweizer Gardist verheiratet. Sie hatten sich in Rom kennengelernt, und nachdem er in der päpstlichen Garde ausgedient hatte, sind sie dann in seine Heimat verzogen. Ihnen ginge es aber sehr gut, sie haben auch schon zwei Kinder. Leider kommen sie aber nur sehr selten hierher nach Rom. Deshalb sei sie froh, dass ihre Schwester Maria sie des Öfteren besuchen komme.

Petrus fiel nun ein Kreuz auf, das in der Zimmerecke an einem Brett befestigt war. An dem Kreuz war scheinbar symbolisch der gekreuzigte Jesus angeheftet. Die Nägel an Händen und Füßen waren ein eindeutiges Indiz dafür. Auf der Anrichte lag ein Buch, auf dem stand „Gotteslob“. Anna erklärte nun, dass das hier ihr besinnlicher Herrgottswinkel sei. Wenn ihr danach sei, setze sie sich hier auf einen Stuhl und singe eines ihrer Lieblingslieder. Petrus fragte etwas verwundert, warum denn der Herr Jesus hier immer noch am Kreuz hinge; er sei doch längst in den Himmel aufgefahren. Da erklärte Anna, dass es in der Kirche sehr viele Traditionen gäbe. Dazu gehören eben auch das Kruzifix oder auch eine Statue der Gottesmutter. Viele hätten auch noch eine Paternosterschnur, den sogenannten Rosenkranz, auf der Bibel oder dem Gesangbuch liegen, aber diese Tradition erinnere zu sehr an heidnische Gebetsmühlen. Sie bete gewöhnlich das Vaterunser und sage dann dem lieben Gott alles, was ihr das Herz so eingibt.

In den Gehirnwindungen des Petrus waren zu den neuen Vokabeln wieder einige Fragen aufgekommen. Er dachte sich aber, dass er alles vielleicht später verstehen würde.

Anna unterbrach nun die Besichtigung des Wohnzimmers und führte ihre Gäste in die Küche. Nach typisch italienischer Art hatte sie Rotbarben zubereitet. Dazu gab es frisches gedünstetes Gemüse, das sie mit Fenchel, Tomate und Knoblauch verfeinert hatte.

Nachdem Anna und Maria alles auf den Tisch gebracht hatten und jeder seinen Platz eingenommen hatte, bat Anna ihren Gast, das Tischgebet zu sprechen. Petrus dankte dem Geber aller guten Gaben für das mit viel Liebe zubereitete Essen und er dankte auch für die nette Gastfreundschaft in diesem Hause.

Maria lobte nun ihre Schwester und sagte, dass sie eine vorzügliche Köchin sei. Bei ihr schmecke es immer am Besten. Anna winkte bescheiden ab, sie sagte, dass es sonst, wenn sie allein im Hause sei, immer nur etwas ganz Einfaches zu essen gäbe. Aber heute ist es eben etwas Besonderes und sie freue sich sehr über ihren Besuch.

Für Petrus war es ein Festessen, denn er hatte seit langem keinen Fisch mehr auf der Speisekarte gehabt. Er bedankte sich deshalb sehr wohlwollend und sparte nicht mit freundlichen Komplimenten.

Maria wusste, dass ihre Schwester sehr stolz auf die Familie ihrer Tochter war, deshalb sagte sie zu Anna, sie solle doch mal das Bilderalbum holen und dem Herrn Peter ein paar Bilder zeigen. Das ließ sich Anna nicht zweimal sagen, und sie holte aus dem Wohnzimmer das Familienalbum. Auf den ersten Seiten waren noch Bilder von ihren Eltern und den beiden Mädchen Anna und Maria abgebildet. Dann waren zwei Seiten Hochzeitsfotos, auf denen Anna mit ihrem Mann in verschiedenen Posen zu sehen waren. Auf den nächsten Bildern war Annas Familie schon mit ihrer Tochter zu sehen. Und zum Schluss gab es noch Bilder von der jungen Familie ihrer Tochter Elisabeth, dabei auch einige Hochzeitsfotos, und hier stach besonders der Anzug ihres Schwiegersohnes hervor, der noch die Uniform der päpstlichen Garde anhatte.

Petrus schaute sich das letzte Bild etwas genauer an und sagte dann, dass hier Tochter und Schwiegersohn sehr adrett aussehen. Eine Uniform macht eben aus einem Mann gleich eine Respektsperson mit amtlichen Befugnissen. Anna sagte, dass sie leider keine Papierbilder mehr von ihren Kindern hätte. Seit sie alle ein Smartphone haben, wird nur noch über das Internet kommuniziert. Sie hätte aber noch einige Fotos auf ihrem Computer, die sie auch gern zeigen möchte.

Sie führte ihre Gäste nun wieder in das Wohnzimmer. Auf einem Bürotisch in der Ecke gleich neben der Tür lag der sogenannte Computer. Anna erzählte, dass ihre Tochter ihr den Laptop zum Geburtstag geschenkt habe, und ihr Schwiegersohn hatte schon alle Programme installiert. Dabei klappte sie den Laptop auf und schaltete ihn ein. Nach einer Weile waren dann auf dem Bildschirm einige Sinnbilder zu sehen. Anna bewegte dann eine Pfeilspitze auf ein solches Sinnbild. Petrus konnte noch das Wort Fotos lesen, und schon waren auf dem Bildschirm sehr viele Bilder zu sehen. Anna merkte, dass es doch für ihre Gäste etwas anstrengend sei, hier auf den relativ kleinen Bildschirm zu schauen. Deshalb sagte sie, dass der Herr Peter und Maria sich auf das Sofa setzen sollten; sie wolle die Bilder auf dem größeren Bildschirm des Fernsehers zeigen. Dabei schaltete sie schon den Fernseher ein, und sie konnten sich nun ein Bild nach dem anderen im Großformat anschauen. Petrus kam aus dem Staunen nicht mehr heraus. Ihn interessierten jetzt weniger die schönen Bilder, sondern vielmehr die magische Technik. Während Anna noch von den wunderschönen Urlaubserlebnissen schwärmte, die auf den Fotos dokumentiert waren, merkte Maria, dass Petrus langsam abschaltete, denn er fuhr sich schon ein paar Mal mit der rechten Hand über seine Stirn und Augenbrauen.

Maria fragte deshalb Anna, ob sie wieder die feinen Mandelkekse gebacken hätte. Anna blickte zu Maria, und sie verstand den Wink mit dem Zaunpfahl. Anna sagte, dass sie erst einmal in die Küche gehen müsste, sie wolle Cappuccino zubereiten. Maria und Peter sollten in der Stube bleiben, sie bringe alles auf den Couchtisch. Petrus musste nun doch ein paar Schritte tun und er ging zum Fenster. Das viele Grün im Garten war angenehm für seine Augen. Maria sagte, dass sie auch schnell in die Küche gehen wolle, um Anna zu helfen.

Bald darauf kamen beide wieder in das Wohnzimmer. Auf dem Tablett hatten sie drei Tassen mit dem heißen Getränk und die selbstgebackenen Cantuccini, also die leckeren Mandelkekse.

Anna erzählte nun während des Kaffeetrinkens von ihren Urlaubsreisen, die sie mit der Familie ihrer Tochter meistens am schönen Gardasee verbrachte. Das Wasser und die hohen Berge sind immer ein herrliches Panorama.

Aber ihre Tochter wohne auch in einer wunderbaren Gegend in der Nähe von Genf direkt am Genfer See. Sie arbeitet dort in einer christlichen Klinik als Physiotherapeutin, das heißt, sie macht mit den Patienten Krankengymnastik. In der Klinik kann man viele verschiedene Heilbehandlungen buchen. Allerdings sprechen die Leute alle nur französisch. Obwohl sie auch schon einige Vokabeln kennt, ist sie doch froh, wenn ihre Tochter übersetzt. Wenn sie ihre Tochter besuchen will, fliege sie mit dem Flugzeug von Rom bis Genf, und da hole sie dann der Schwiegersohn vom Flughafen mit seinem Auto ab. Leider kommt das nicht allzu oft vor, etwa einmal im

Jahr. Oder wenn ein Enkelkind krank ist, dann wird sie gern als Kindermädchen gebraucht.

Petrus spitzte bei dem Wort Flugzeug besonders seine Ohren. Von Rom bis Genf fliegen, so mitten durch die Luft, das können doch nur Engel sein. Aber Engel brauchen keinen Flughafen zum Landen. Wahrscheinlich sind Flugzeuge solche technischen Dinger, wie er sie schon einige Male am Himmel über Rom beobachten konnte. Er fragte also Anna, ob sie keine Angst hätte, so mit dem Flugzeug durch die Luft zu fliegen. Anna sagte, dass es ihr beim ersten Mal doch ein wenig mulmig zu Mute war. Aber es sei schon ein großartiges Erlebnis, so über den Wolken zu fliegen und auch die hohen Gipfel der Alpen von oben zu sehen.

Nun schaltete sich Maria in das Gespräch ein. Sie fragte Petrus, ob er auch schon mal mit dem Flugzeug geflogen wäre. Petrus antwortete, dass er bisher immer nur mit dem Schiff unterwegs war, aber er könne sich gut vorstellen, auch einmal mit so einem Flugzeug zu fliegen.

Petrus wechselte nun das Thema und sagte, dass er gern einmal eine christliche Kirche aufsuchen möchte, in der sich die Gläubigen nach altem Brauch am Samstag versammelten. Anna hatte eine Bekannte, von der sie wusste, dass sie zu einer Sekte der Sabbatisten gehöre. Sie sagte zu Petrus, dass es in der Uferpromenade am Tiber ein kirchliches Gebäude gäbe, in die ihre Bekannte immer hingehe. Aber man müsse vorsichtig sein, weil diese Christen immer sehr missionseifrig seien. Sie wurde auch schon zu einem Vortrag eingeladen, aber sie wollte sich nicht mit diesen Leuten einlassen.

Petrus sagte, er werde schon auf sich aufpassen, aber es wäre schön, wenn Maria ihn begleiten könnte. Darauf sagte Maria, dass man eigentlich zu Fuß dorthin gehen kann, da sie sowieso in der Nähe des Tiber wohnen. Und es wäre ein schöner Spaziergang, man läuft etwa fünfzehn Minuten.

Maria schaute nun auf eine scheinbar antike Uhr. Es war ein Uhrenkasten, in dem sich ein Pendel hin und her bewegte. Sie sagte dann zu Petrus, dass es Zeit wäre, nach Hause zu fahren. Anna versuchte zu widersprechen und meinte, sie könnten gerne noch zum Abendessen bleiben. Aber Maria sagte, sie wisse doch nicht, wann Alessandro zurückkäme.

Maria zog sich wieder ihren leichten Mantel über, und Petrus nahm sein neues Gepäck. Anna machte dem Petrus noch ein Kompliment und sagte, dass die Flatcap ihm gutstehe. Darauf entgegnete Petrus, dass diese Mütze ihm schon viel Gutes eingebracht habe.

Auf der Heimfahrt sagte Petrus zu Maria, dass ihm der Tag sehr gut gefallen habe. Er sei beeindruckt von den vielen Geschäften hier in der italienischen Hauptstadt und auch von der Freundlichkeit der vielen Menschen. Da musste Maria doch ein wenig dagegenhalten und sagte, dass es leider auch kleine und große Diebe in der Stadt gäbe. Als sie früher noch viel mit ihrem Fahrrad unterwegs war, hatte jemand das Fahrrad gestohlen, obwohl es gut gesichert war. Seitdem sei sie immer sehr vorsichtig und aufmerksam in der Öffentlichkeit unterwegs.

Maria öffnete ihre Garage mit einer Fernbedienung. Petrus stieg schon vor der Einfahrt aus und ging durch Garage und Flur in sein Gästezimmer. Hier packte er seine neuen Textilien aus und legte sie sortiert auf Stuhl und Stuhllehne. Dann dankte er seinem himmlischen Vater für die neuen Sachen und auch für die Spenden, die er so einfach bekommen hatte.

Bis zum Abendessen war noch genügend Zeit, deshalb wollte er weiter in der Bibel lesen. Petrus interessierte sich noch mal für die letzten Seiten des Buches. Dort stand die Kapitelzahl 22. Er blätterte ein paar Seiten zurück bis zum Kapitel eins. Petrus las die Überschrift: Offenbarung des

Johannes. War das etwa der Johannes, sein bester Freund aus dem Jüngerkreis? Petrus wusste nur so viel von Johannes, dass er zuletzt Gemeindeleiter in Ephesus gewesen war.

Jetzt las er das gesamte erste Kapitel, er verschlang gewissermaßen die einzelnen Verse.

Das ist ja wieder hochinteressant, dachte sich Petrus. Hatte damals sein Apostelbruder tatsächlich Visionen von Jesus Christus bekommen? Petrus las nun, dass Johannes einen Auftrag vom Auferstandenen bekam, den christlichen Gemeinden in Kleinasien Briefe zu schreiben. Johannes empfing diese Offenbarungen auf einer abgelegenen Insel. Petrus kannte die Insel Patmos nur vom Hörensagen, und dass dort gewöhnlich Häftlinge ausgesetzt wurden.

Da beschreibt Johannes, wie er am Tag des Herrn die laute Stimme Jesu hörte. Das war bestimmt ein ganz besonderes Sabbaterlebnis für ihn. Petrus las nun noch die Kapitel zwei und drei, in denen die einzelnen Briefe für jeden lesbar niedergeschrieben waren. Wahrscheinlich sollten alle Gemeinden diese Briefe lesen. Jesus hat gewissermaßen dem Johannes alles diktiert, was also für die christlichen Gemeinden wichtig war, und auch was zur Erbauung, aber auch zur Mahnung, mitgeteilt werden musste.

Merkwürdig aber gleichermaßen interessant war für Petrus, dass am Ende jeden Briefes eine besondere Aufforderung stand, dass man nämlich hören sollte, was der Geist den Gemeinden sagen würde. Petrus erinnerte sich, dass Jesus einen Geist der Wahrheit angekündigt hatte, der als Beistand an seiner Statt ihn, die personifizierte Wahrheit, vertreten sollte. Dieser Wahrheitsgeist würde von der allgemeinen Weltbevölkerung und leider auch von christlichen Abfallbewegungen abgelehnt werden. Deshalb hatte Jesus seinen Nachfolgern eingeschärft, immer in der Schrift, also im Wort Gottes, zu forschen.

Petrus hatte damals auch zwei Briefe an die christlichen Gemeinden geschrieben, in denen er unter anderem besonders auf die Bedeutung der prophetischen Aussagen aufmerksam gemacht hatte.

Petrus legte nun die Bibel beiseite. Er wollte alles in Ruhe noch mal lesen und überhaupt alle Schriften, die in dem neuen Teil der Bibel zu finden waren. Er hatte schon einige Überschriften gelesen, zum Beispiel die Briefe von seinem Apostelbruder Paulus.

Petrus hob seine Hände empor und dankte wieder dem himmlischen Vater, dass so viele wichtige Botschaften für alle nachfolgenden Generationen aufgeschrieben worden waren. Da spüre man, dass der Geist Jesu auch nach seiner Himmelfahrt kräftig weitergewirkt hatte.

Während Petrus noch über die gelesenen Kapitel so nachdachte, hörte er, dass das Garagentor geöffnet wurde. Alessandro hatte endlich seinen langen Konferenztag hinter sich gelassen. Petrus stand auf und ging in die Küche und setzte sich in die Essecke. Maria war nicht zu sehen, wahrscheinlich hatte sie sich in ihrem Zimmer etwas Erholung gegönnt. Aber sie hatte natürlich auch gehört, dass Alessandro nach Hause gekommen war. Da kam sie auch schon in die große Küche und fragte Petrus, ob er etwas trinken möchte. Petrus bat daraufhin um ein Glas Wasser oder etwas Fruchtiges. Maria hatte frischen Orangensaft gepresst und gab Petrus ein Glas davon.

Bald darauf kam auch Alessandro in die Küche. Er hatte sich inzwischen umgezogen und seine Alltagskleidung angelegt. Nach der Begrüßung fragte er gleich, wie es dem Petrus in der Stadt und auch bei Marias Schwester Anna gefallen hätte. Petrus erzählte nun seine Erlebnisse. Bei dem Bericht über die vielen Spenden in seiner Mütze musste Alessandro laut lachen. Eigentlich wäre es um die Freigebigkeit der Römer nicht so gut bestellt, wahrscheinlich hätten auch einige

Touristen dem scheinbar bettelnden Peter etwas Gutes tun wollen. Es gäbe ja in Rom manchmal fast mehr Besucher als Einwohner.

Während Maria bereits das Abendessen vorbereitete, erzählte Petrus weiter, wie gut es ihm im Hause von Marias Schwester gefallen hatte. Ihn hatte besonders diese moderne Technik interessiert, denn auf Knopfdruck konnte man alle möglichen Bilder auf dem Fernseher sehen, die irgendwo gespeichert seien. Alessandro erinnerte sich, dass er sein altes Smartphone dem Peter geben wollte. Er ging deshalb noch mal in sein Arbeitszimmer und holte das Gerät mitsamt Ladeteil. Er zeigte es Petrus mit den Worten, dass das Smartphone lange nicht mehr aufgeladen worden sei. Man müsse erst den Akku, also die Batterie, die sich immer wieder aufladen lasse, mit dem Ladeteil ein paar Stunden mit dem Stromnetz verbinden. Wenn dann der Akku voll aufgeladen sei, wolle er dem Peter das Gerät erklären. Dabei hatte Alessandro schon das Netzteil mit dem Smartphone verbunden, und auf dem Display erschien bereits die Prozentangabe des Ladezustandes.

Alessandro zeigte zum Vergleich sein neues Smartphone und sagte, dass sein Gerät mit Solarzellen ausgerüstet sei. So könne er zusätzlich bei Tageslicht seinen Akku immer wieder aufladen.

Maria ermahnte nun die Herren, alles beiseite zu legen, denn jetzt sei Abendbrotzeit. Sie hatte alles wieder sehr schön hergerichtet, sogar eine kleine Kerze hatte sie auf den Tisch gestellt. Sie erklärte dazu, dass Peter sich sehr für die jüdische Tradition des Sabbathaltens interessiere. Und weil doch heute zum Freitagabend schon der Sabbat beginnen würde, sollte es etwas festlich aussehen. Petrus hob leicht die Hände und sagte, dass es nicht nur eine jüdische Tradition sei, sondern generell für alle Kinder Israel gelte, und somit auch für die Christen, die nun dank Jesu zum weltweiten neuen Israel gezählt werden. Alessandro spitzte ein wenig seine Ohren, denn er verstand nicht so richtig, was Petrus zum Ausdruck bringen wollte. Er sprach wieder ein kurzes Dankgebet. Maria hatte dieses Mal belegte Brote vorbereitet.

Besonders schmackhaft und würzig waren die Ciabattascheiben mit Oliventapenade. Dazu gab es gemischten Salat mit Thunfisch und kleinen roten Zwiebelringen, Ei und Oliven.

Petrus war wieder begeistert von Marias Küchenkunst. Alessandro sagte, dass sich Maria wahrscheinlich besonders viel Mühe gibt, seit unser Freund Peter im Hause sei. Dabei zwinkerte er mit den Augen und lachte übers ganze Gesicht.

Maria lenkte nun gekonnt vom Thema über das Essen ab und erzählte, dass sie morgen am Sonnabend mit Peter einen Gottesdienst der Sabbatisten besuchen wolle. Der Peter interessiere sich für die Christen, die noch den Sabbat feiern wie zu Jesu Zeiten. Petrus sagte zu Alessandro, er könne auch gern mitkommen. Aber Alessandro meinte, dass er morgen erst einmal die Konferenzunterlagen sortieren und sich auch ein wenig auf die Sonntagspredigt vorbereiten müsse. Da wäre es gut, wenn Peter und Maria sich anderweitig beschäftigen würden. Allerdings habe er den Verdacht, und dabei winkte er mit dem erhobenen rechten Zeigefinger und seinem freundlichen verschmitzten Lächeln, dass Peter wahrscheinlich die gesamte christliche Lehre umkrempeln würde, wenn er könnte. Petrus lächelte zurück und meinte, dass könnte schon möglich sein. Er wolle sich als nächster Papst bewerben, vielleicht als Peter der Zweite.

Alessandro schaute nun nach dem Smartphone; es war schon zu 95 Prozent aufgeladen. Also löste er das Gerät vom Netzteil und zeigte es Petrus. Dabei stellte er mit ein paar Eingaben die Werkseinstellung wieder her und konfigurierte neue personifizierte Angaben, mit denen sich Petrus dann selbst anmelden könnte. Dann hielt er das Gerät dem Petrus vor das Gesicht und erklärte, dass das Smartphone in Zukunft über die Gesichtserkennung startklar sei. Petrus schaute nur erstaunt zu und war wieder sehr beeindruckt von diesen technischen Möglichkeiten. Alessandro zeigte ihm noch, wie er die Uhrzeit ablesen könne und wie so manche Applikationen gestartet und wieder beendet werden können. Und wenn er Fragen hätte, könne er ihn jederzeit fragen. Petrus meinte, dass er das alles nicht so schnell begreifen könne, er wolle sich aber in Ruhe damit beschäftigen.

Petrus wollte nun noch von Alessandro wissen, wie bei ihm der Tag verlaufen war. Da erzählte Alessandro, dass er fast zu spät zur Konferenz gekommen wäre, weil aufgrund eines Unfalls ein längerer Stau auf der Strecke war. Aber ansonsten wäre alles soweit normal gewesen. Der Ordensgroßmeister hatte die Konferenz eröffnet und anschließend wurden verschiedene Themen bearbeitet, wie etwa die Finanzierung der vielen Auslandsprojekte und welche Prioritäten zu beachten sind. Außerdem ging es noch um die Vorbereitung für die nächste oberste Ordensversammlung. Eigentlich sollte er noch an einem gemütlichen Grillabend im Garten eines Ordensbruders teilnehmen, aber er hatte sich entschuldigt, weil er ja zu Hause Besuch habe. Dabei zeigte er mit der Hand auf seinen Besucher Petrus.

Petrus meinte, dass er doch seinetwegen nicht auf den Brüderabend verzichten müsse. Aber Alessandro winkte ab und sagte, dass es bei so einem Grillabend immer viel Bier und andere hochprozentige Getränke gäbe, und außerdem hatte der Ordensbruder frische Bratwürste von einem bekannten Bauern bekommen, der Anfang der Woche eines seiner Schweine geschlachtet hatte. Da habe er sich lieber das gute Abendessen von Maria vorgezogen.

Petrus antwortete, dass er die Gedanken mit dem besseren Abendessen gut verstehen könne. Dann fügte Petrus hinzu, dass es in den alten Prophetenbüchern eine Stelle gäbe, die davon spricht, dass Gott am Ende der Tage mit dem ungehorsamen Volk abrechnen würde, weil es in den Gärten räuchern und Schweinefleisch und andere Gräuelsuppen essen würde. Alessandro war sichtlich erschrocken und meinte, er kenne eigentlich die Bibel ganz gut, aber so etwas hätte er noch nicht gelesen.

Petrus ergänzte nun, dass es wohl der Prophet Jesaja gewesen war, der in seinen letzten Kapiteln vor dem Genuss von unreinem Fleisch gewarnt hatte. Jesaja beschreibe den bedauerlichen und ungehorsamen Zustand des Volkes, welches Gottes Anweisungen bedenkenlos missachten würde, besonders auch im Hinblick auf die letzte Zeit vor dem Jüngsten Tag.

Alessandro sagte dazu, dass er den Propheten Jesaja noch einmal genauer lesen werde, und er wolle dazu auch seine Ordensbrüder konsultieren. Er sei gespannt, wie sie darauf reagieren würden.

Alessandro überlegte noch eine Weile, dann fiel ihm ein Zitat vom Apostel Paulus ein. Der hatte nämlich geschrieben, dass sich keiner ein Gewissen machen sollte über Speise oder über Trank. Petrus legte, bevor er antwortete, seine rechte Hand auf seine linke Brust. Dann sagte er, dass er auch viel über Paulus nachgedacht hatte. Manches wird von ihm so ausgelegt, als würde er ein antiautoritäres Evangelium verkündigen, nach dem Motto: Alles ist erlaubt. Wer aber so denkt, der hat ein total falsches Bild von Paulus.

Petrus erinnerte sich an die vielen Gespräche, die er damals in Rom mit seinem Apostelbruder geführt hatte. Paulus hatte ihm auch von seinen Gemeinden Korinth und Kolossä erzählt, dass dort viele Unklarheiten in Bezug auf die Einhaltung der alten Zeremonialgesetze vorhanden wären. Darf man als Christ Fleisch essen, dass vorher den Götzen geweiht war oder muss man noch die

Festsabbate mit den dazugehörigen Speis- und Trankopfern halten?

Zu Alessandro gewandt sagte Petrus, dass Paulus ein genialer und eingefleischter Diener des Evangeliums gewesen war. Als ehemaliger Pharisäer kannte er alle alten Vorschriften ganz genau. Aber nach seiner Bekehrung lernte er, welche Anweisungen Gottes nach wie vor gültig und welche durch das Opfer Jesu hinfällig geworden waren. Das Essen unreiner Tiere gehörte jedenfalls nicht dazu, denn ein Tier, das bisher unrein war, wurde nicht durch Jesu Tod auf einmal ein reines Tier. Petrus ergänzte noch den Aspekt, dass, wenn in der Bibel von Speise die Rede ist, dann auch immer nur die von Gott erlaubte Speise zu verstehen sei, nicht aber das Essen unreiner Tiere.

Alessandro schüttelte ein wenig mit dem Kopf. Dann sagte er, dass er das alles erst einmal verdauen müsste. Aber heute sei es inzwischen schon wieder spät geworden und er hätte einen langen Arbeitstag hinter sich.

Maria hatte stillschweigend die Unterhaltung mit großem Interesse verfolgt, und sie war froh, dass sie bisher auch nur guten Fisch und koscheres Fleisch auf den Tisch gebracht hatte.

Sie wünschten sich dann alle drei gegenseitig eine gute Nachtruhe und einen erholsamen Schlaf.

In seinem Gästezimmer angekommen, betete Petrus wieder inbrünstig zu Gott. Er dankte besonders für die guten Begegnungen, die er sowohl in der Stadt als auch bei Anna, der Schwester Marias, hatte. Und er wünschte sich auch, dass das Gespräch heute Abend dem Alessandro helfen möge, immer die richtigen Entscheidungen zu treffen. Mit dem Gedanken, dass die Abendsterne bereits den Ruhetag eingeläutet hatten, schlief Petrus schließlich ein.

Tag vier – In einer anderen Kirche

Wie am Tag zuvor wurde Petrus wieder vom Gesang der Amsel geweckt. Dieses Mal hörte er etwas genauer hin und war erstaunt, welche Vielfalt an Melodien die Amselkehle hervorbrachte. Es schien, als ob die Amsel heute lauter als gestern flötete. Das könnte durchaus ein Hinweis sein, dass es heute regnen würde.

Petrus wollte heute mal eher im Badezimmer sein als der Pater. Da hatte er allerdings nicht mit dem Frühaufsteher Alessandro gerechnet, denn der kam soeben frisch und fröhlich aus dem Waschraum. Mit einem munteren Hallo und guten Morgen begrüßten sich beide. Petrus war aber insofern froh, dass Alessandro schon fertig war, da hatte er mehr Zeit für seine Morgentoilette. Er hat sich dann auch besonders gründlich gewaschen und sogar mit dem bereitliegenden Kamm vor dem Spiegel hübsch gemacht, so gut es eben ging.

Wieder in seinem Zimmer angekommen, begutachtete er noch einmal jedes einzelne Stück Wäsche, das er gestern mit Maria gekauft hatte. Die Socken, die Unterwäsche, das schöne einfarbige Hemd, die strapazierfähige Hose und schließlich das zum Hemd passende Jackett, an alles hatte

Maria gedacht. Sogar eine ganze Packung Taschentücher hatte sie gekauft.

So neu eingekleidet ging Petrus noch mal ins Badezimmer, um sich vor dem Spiegel anzuschauen. Er war zufrieden und fühlte sich fast wie neu geboren. Aus seinem Zimmer holte er sich noch seine Geldbörse und auch das Smartphone, das er gestern Abend von Alessandro bekommen hatte, und verstaute alles im Jackett.

Maria war schon fleißig in der Küche beschäftigt. Sie hatte außer dem Frühstück auch schon das Mittagessen vorbereitet. Es sollte Milchreis geben. Wenn sie nach dem Kirchenbesuch mit Peter nach Hause komme, brauchte sie den Reis nur noch in der Mikrowelle zu erhitzen.

Aber jetzt musste sie erstmal den Gast des Hauses begutachten, der soeben in die Küche gekommen war. Petrus stellte sich mit ausgebreiteten Armen vor Maria hin, und sie musterte ihn von oben bis unten. Sie war sichtlich zufrieden mit dem neuen Outfit. Dann öffnete sie am Jackett den unteren von beiden Knöpfen und meinte, dass es üblich sei, nur einen Knopf zu schließen. Man könne aber auch beide Knöpfe offenlassen, wenn es bequemer ist, zum Beispiel beim Essen.

Nun kam auch Alessandro zur Tür herein. Er stutzte erstaunlich, als er sich den Petrus so ansah.

Er sagte, dass sich ja der Einkaufstag mit Maria gelohnt habe. Dann setzten sich alle drei an den Esstisch und Alessandro nahm wieder seine Bibel zur Hand. Dieses Mal las er das letzte Kapitel aus den Psalmen:

Halleluja! Lobt Gott in seinem Heiligtum, lobt ihn in seiner mächtigen Feste! Lobt ihn wegen seiner machtvollen Taten, lobt ihn nach der Fülle seiner Größe!

Lobt ihn mit dem Schall des Widderhorns, lobt ihn mit Harfe und Leier! Lobt ihn mit Trommel und Reigentanz, lobt ihn mit Saiten und Flöte!

Lobt ihn mit tönenden Zimbeln, lobt ihn mit schallenden Zimbeln!

Alles, was atmet, lobe den HERRN. Halleluja!

Nachdem der Pater noch ein Dankgebet gesprochen hatte, sagte Petrus, dass dieser Psalm eine gute Einstimmung auf den Ruhetag Gottes sei. Der Gedenktag an die Schöpfung beinhaltet im Wesentlichen Lob und Dank für die Güte und Gnade Gottes.

Alessandro bekundete seine Zustimmung und meinte, dass er vielleicht diesen Gedanken in seine morgige Sonntagspredigt einfließen lassen werde.

Maria wirkte beim Frühstück ein wenig aufgeregt. Alessandro kannte seine Hausdame so gut, dass er ihren Zustand bemerkte. Er fragte sie deshalb, ob irgendetwas nicht in Ordnung wäre.

Maria sagte nur, dass es nichts Besonderes gäbe. Sie mache sich nur Gedanken darüber, was sie anziehen soll, wenn sie doch mit Peter in die andere Kirche gehe. Da fiel ihr Petrus ins Wort und klärte sie auf, dass Kirchenbesuch keine Modenschau sei. Sie solle doch einfach so gehen wie gestern. Allerdings wäre es ratsam, sich auf Regen einzustellen, denn die Amsel hätte heute früh so laut gesungen. Er gebe zwar nichts auf Vogelgeschrei, aber umso mehr auf Naturbeobachtungen.

Alessandro sagte, dass er auch die laute Amsel gehört hatte. Er wünschte Petrus und Maria einen gesegneten Kirchenbesuch, er sei auch schon sehr gespannt auf die Eindrücke und Informationen, die sie sich nach dem Mittagessen austauschen wollten. Dann zog er sich zurück in sein Arbeitszimmer.

Maria sagte, dass sie noch eine halbe Stunde Zeit hätten. Sie wolle noch die Küche aufräumen und den Tisch für das Mittagessen vorbereiten.

Petrus ging in sein Gästezimmer und öffnete das Fenster, um den wichtigen Sauerstoff genießerisch einzuatmen. Dabei beobachtete er die Wolken, wie sie kumulusartige Formationen bildeten. So stand er lange da und erfreute sich an den kleinen Vögeln im Garten, die hier und da nach Würmern und Insekten suchten.

Da endlich klopfte Maria an die Tür und meinte, dass sie jetzt losgehen sollten. Sie hatte wieder ihren leichten Mantel angezogen, und neben einer kleinen Handtasche hatte sie auch einen merkwürdigen Stock in der Hand.

Maria merkte, dass Petrus augenfällig auf ihren Regenschirm schaute und sagte, dass sie vorsichtshalber den Schirm mitnehme, falls es doch regnen sollte. Und Peter solle doch auch seine Flatcap auf alle Fälle mitnehmen.

Nach etwa einer Viertelstunde waren sie am Ziel auf der Uferpromenade angekommen.

Am Eingang befand sich ein Schaukasten. Auf einem Bild war hier ein Hirte mit seinem unverkennbaren Hirtenstab zu sehen, der ein kleines Schaf in seinen Armen trug. Das Besondere an dem Lamm war, das es kein Gesicht hatte, stattdessen war ein Spiegel eingearbeitet. Und wenn man dann genau hinsah, erblickte man sein Spiegelbild in den Armen des Hirten. Unterschrieben war das Bild mit dem bekannten Psalmwort: Der Herr ist mein Hirte.

Das war auch für Maria sehr beeindruckend. Petrus musste an die Worte von Jesus denken, als er sich in einer Rede damals im Kreise seiner Jünger als der gute Hirte bezeichnet hatte.

Am Eingang wurden beide herzlich von einer jüngeren Frau begrüßt. Sie merkte sofort, dass die beiden Gäste wohl zum ersten Mal hier in Rom diese Kirche besuchten, weil sie sich etwas scheu umsahen. Die Dame am Eingang fragte noch, woher die Beiden kämen oder ob sie in Rom zu Hause sind. Maria sagte, dass sie hier in Rom wohnen und dass sie gute Katholiken seien, aber der Herr Schimonon interessiere sich für die Sabbatisten und wollte mal ihren Gottesdienst kennenlernen. Dabei zeigte sie mit der rechten Hand auf Petrus.

Die Dame erklärte daraufhin, dass hier jedermann herzlich willkommen sei, und sie könnten sich einen Platz aussuchen; der Gottesdienst beginne erst in circa fünfzehn Minuten. Und sie wünsche noch einen angenehmen und gesegneten Ruhetag.

Maria und Petrus nahmen im hinteren Drittel des Saales Platz. Beim Eintreten hatte Petrus noch seine Mütze abgenommen. Ein paar Leute saßen bereits auf ihren Plätzen. Auf dem Podest waren einige Jugendliche mit ihren Instrumenten. Sie waren gerade fertig mit ihren Vorbereitungen und nahmen in der ersten Reihe ihre Plätze ein.

Inzwischen füllte sich der Raum. Anfangs kamen die Besucher zu jedem hin und begrüßten sich mit Handschlag, teilweise auch mit Umarmung. Auch Maria und Petrus wurden freundlich mit Handschlag begrüßt. Aber je mehr Leute kamen, umso eiliger hatten sie es, sich einen Platz zu suchen.

Maria war erstaunt, dass es im Kirchensaal gar keine Heiligenbilder gab. Auch einen heiligen Altar vermisste sie. Stattdessen gab es auf dem Podium neben dem Sprechpult einen Ständer aus Holz, auf dem eine aufgeschlagene große Bibel lag. Vorn an der Wand war ein großes Holzkreuz angebracht, das indirekt beleuchtet war. Zu Petrus gewandt flüsterte sie, dass sie sich den Raum ganz anders vorgestellt habe. Kein Weihwasser am Eingang, keine Bilder von Heiligen, kein großer Altar, kein Taufbecken, also alles anders, als sie es von ihrer Kirche gewohnt sei. Und am Kreuz fehle der Gekreuzigte. Aber die Leute hier sind sehr freundlich, fast wie eine große Familie. Petrus nickte ihr zu und flüsterte zurück, dass Jesus schon vor zweitausend Jahren in den Himmel aufgenommen worden sei und deshalb nicht mehr am Kreuz hänge. Maria wunderte sich über diese Erklärung, aber sie sagte nichts mehr, denn hinter ihr wurden jetzt auch die Plätze belegt.

Die Musiziergruppe ging nun nach vorn. Es erklang ein relativ flottes Musikstück mit Klavierbegleitung. Dann kam der Moderator an das Rednerpult und begrüßte alle Anwesenden mit freundlichen Worten. Er erläuterte kurz den Ablauf des Gottesdienstes und las dann einen Text aus seiner Bibel vor. Anschließend wurde von der Musikgruppe ein Lied gespielt, dessen Text an der weißen Wand neben dem Holzkreuz eingeblendet wurde. Alle standen zum Singen plötzlich auf. Viele hatten auch ein Liederbuch in den Händen. Maria und Petrus kannten das Lied nicht, aber sie versuchten doch ein wenig mitzusingen. Petrus hatte sich den Anfang des Liedtextes gemerkt: Lobe den Herrn meine Seele und seinen heiligen Namen.

Nach dem Singen blieb die versammelte Gemeinde stehen, weil der Moderator noch ein Gebet sprach. Darin wünschte er unter anderem allen Besuchern eine gesegnete Zeit und dass jeder etwas zur persönlichen Glaubensstärkung mitnehmen möchte.

Nachdem sich alle Anwesenden wieder gesetzt hatten, spielte die Musikgruppe noch ein klangvolles Lied. Dazu sang dieses Mal eine Frau mittleren Alters. Ihr enormer Stimmumfang ließ darauf schließen, dass sie eine ausgebildete Sängerin war.

Auf dem Podest wurden nun fünf Stühle im Halbkreis aufgestellt. Zwei Männer und drei Frauen nahmen Platz. Eine Frau las dann einen längeren Bibeltext laut vor. Petrus vermutete, dass es sich hier um ein Schreiben seines Freundes und Apostelbruders Paulus handelte. Paulus hatte damals von der griechischen Hafenstadt Korinth aus an die junge Christengemeinde in Rom geschrieben. Er hatte in Korinth so einige Missstände aufgeklärt und wollte, dass das Evangelium in voller Klarheit nun auch in Rom verkündigt und gelebt würde.

Nach dem Lesen des Textes ergänzte die Frau, die dann auch die Gesprächsgruppe moderierte, dass sie das erste Kapitel des Briefes vom Apostel Paulus an die Römischen Christen vorgelesen hatte. Dann fragte sie in die Runde, was in dem Text besonders beeindruckend und wichtig wäre. Es ergab sich eine interessante Unterhaltung zu verschiedenen Themen. Zum Beispiel das Thema Schöpfung. Es sei unverständlich, dass damals wie auch heutzutage viele die allmächtige Kraft Gottes nicht anerkennen wollten, obwohl es keine sinnvolle Alternative gäbe. Aber auch dann, wenn man schon an Gottes Schöpfungswerke glaube, würde Gott doch nicht verehrt, sondern man verliert sich lieber in spekulativen theistischen Evolutionshypothesen. Ein Teilnehmer der Gesprächsgruppe argumentierte dann dazu, dass es den Tod erst nach dem Sündenfall gegeben habe. Das heiße aber auch, dass vorher keine Tiere oder Urmenschen durch irgendeine Auslese gestorben sein können.

Die Moderatorin fragte, ob noch andere Aspekte in dem Text aufgefallen seien. Eine Frau meldete sich zu Wort. Sie äußerte sich zu den menschlichen Beziehungen, die Paulus in seinem Brief angesprochen hatte. Es sei erstaunlich, dass schon vor Tausenden von Jahren Frauen und Männer gleichermaßen den von Gott gewollten natürlichen Umgang abgelehnt hatten. Das sei genauso schlimm wie Gotteslästerung, zumal das Unnatürliche als normal propagiert würde. Die Moderatorin ergänzte dazu, dass Gott bei der Erschaffung des Menschen damals im Paradies die Ehe gestiftet hatte, indem er dem Adam die Eva als Partnerin gegeben hatte. Gott wollte diese monogame Beziehung, und nichts anderes. Wer allerdings keine Ehe eingehen kann oder möchte, der sollte es wie unser Apostel Paulus machen, der zeitlebens ehelos blieb.

Nach weiteren Wortmeldungen und Antworten fasste die Moderatorin die Thematik zusammen. Sie sagte, dass das Evangelium eine besondere Kraft in sich trage, die jeder erfährt, der die Heilsbotschaft angenommen habe. Es sei eine Entscheidungsbotschaft mit der Prämisse, dass Gott alle Menschen einlade, an ihn und Jesus Christus zu glauben und diesen Glauben im Alltag zu praktizieren.

Petrus hatte während der Gesprächsrunde ein wenig seine Nachbarin beobachtet. Er stellte fest, dass Maria den Ausführungen sehr aufmerksam folgte. Er neigte seinen Kopf leicht zu ihrer Seite und flüsterte, dass ihm die Gespräche sehr gut gefallen hätten. Maria nickte bejahend und flüsterte zurück, dass sie sich auch so eine Bibelstunde in ihrer Kirche wünschte.

Die Gesprächsteilnehmer räumten nun ihre Stühle zur Seite. Ein junger Mann von der Musikgruppe setzte sich an das Klavier und es wurde wieder ein Liedtext an der weißen Wand sichtbar. Die Besucher standen zum Singen des Liedes auf. Passend zu den letzten Worten der Moderatorin, die von der Einladung Gottes an alle Menschen gesprochen hatte, sangen die Leute das Lied: Komm zu dem Heiland, komme noch heut. Viele sangen das

Lied mit voller Begeisterung. In einer vorderen Ecke des Saales waren ein paar farbige Männer und Frauen, die kräftig im Takt in die Hände klatschten. Bald klatschten fast alle in der Kirche. Auch Maria und Petrus ließen sich von der fröhlichen Stimmung anstecken. Gegen Ende des Liedes konnten beide auch den Kehrreim mitsingen: Herrlich, herrlich wird es einmal sein, wenn wir zieh'n in das himmlische Kanaan ein. Das Wort Kanaan weckte in Petrus sehnsüchtige Gefühle, denn dieses Land war seine alte Heimat in Israel gewesen.

Nach dem Lied sprach die Moderatorin vom Rednerpult aus noch ein Gebet, dann setzten sich alle wieder.

Es folgte eine Pause von circa zehn Minuten. Wer wollte, konnte sich ein wenig die Beine vertreten. Maria wollte auch die Nebenräume kennenlernen, das heißt, sie suchte insbesondere die Toilette. Kleine Hinweisschilder zeigten ihr den Weg. Als sie sich wieder neben Petrus setzte, berichtete sie ihm, dass alles sehr interessant sei. Sie meinte damit nicht nur die Räumlichkeiten, sondern auch den bisherigen Verlauf des Kirchgottesdienstes.

Der Klavierspieler spielte nun ein kurzes Musikstück; es war sozusagen das Signal für die Fortsetzung des Gottesdienstes. Der Moderator, wahrscheinlich war es der Gemeindeleiter, ging nach vorn. Ein älterer Herr und ein Mann mittleren Alters folgten ihm. Sie setzten sich auf die Stühle, die unterhalb des Kreuzes auf dem Podium standen. Dann kamen zwei junge Frauen nach vorn; sie sangen ein geistliches Duett mit Klavierbegleitung. Es war alles sehr feierlich.

Der Moderator kam dann an das Rednerpult und las einen Text aus der Bibel vor. Dazu standen alle wieder auf. In dem Text ging es um den Glauben an Gott, dass er eine feste Zuversicht sei und dass man nicht zweifeln sollte, wenn man etwas nicht anfassen oder sehen kann. Denn nur durch den Glauben kann man begreifen, dass die Welt durch das Wort Gottes aus Nichts geschaffen wurde.

Nach dem Lesen des Textes kam der ältere Herr an das Rednerpult und sprach ein Gebet. Darin wünschte er allen ein gesegnetes Zuhören und aufnahmebereite Herzen für die nun folgende Predigt.

Nachdem sich alle wieder gesetzt hatten, kam der Herr mittleren Alters an das Rednerpult. Er war also der Prediger. Petrus hatte bisher sehr aufmerksam zugehört. Er wollte sich eigentlich jedes Wort merken, besonders den vorgelesenen Bibeltext, in dem der Glaube an Gott erklärt wurde. Aber jetzt wollte er sich auf die Rede des Predigers konzentrieren.

Er wolle über drei Aspekte des Glaubens sprechen, so begann der Prediger seine Verkündigung. Die drei „W“ des Glaubens: Warum glauben, was glauben und wie glauben.

Petrus bemerkte, dass Maria aus ihrer Tasche ein kleines Notizheft nahm. Etwas verdeckt, fast heimlich, notierte sie sich die Hauptgedanken.

Die ersten beiden „W“ wurden relativ schnell abgehandelt. Der Prediger sagte, dass unser Schöpfer dem Menschen im Kopf ein Großhirn eingepflanzt hatte, in dem sich alle Gedanken, alle Vermutungen und auch Glaubensüberzeugungen bildeten. Dieses Bewusstsein werde im Wesentlichen von unseren Sinnesorganen beeinflusst. Durch Erziehung und Bildung werden unser Verstand, unsere Urteilskraft und Entscheidungsfreiheit geformt. Empfindungen und Erfahrungen ergänzen und prägen unsere Charakterentwicklung.

So wie das weiße Licht eine Vielzahl von Wellenlängen bündelt, so besteht die Menschheit ebenfalls aus vielen einzigartigen Individuen. Jeder hat sozusagen seine eigene Wellenlänge. Nun gibt es aber nicht nur das sichtbare Licht, ebenso wie es Schallwellen gibt, die wir nicht wahrnehmen können.

Außer dem Sinnlichen gibt es demnach auch das Übersinnliche, also alles, was unsere Sinne nicht direkt erfassen können. Und weil jeder Mensch in sich das Verlangen hat, über den natürlichen Horizont hinauszuschauen, kommen zu den messbaren Ergebnissen viele verschiedene Vorstellungen über alles Mögliche in der Welt. Das eigentlich Unerklärliche wird zur Glaubensfrage. So sind im Laufe der Jahrhunderte viele Religionen entstanden.

Das Kennzeichen einer Religion ist immer die Annahme von meistens außerirdischen Quellen, die die Menschheit beeinflussen und denen man sich unterordnen müsse. In diesem Spannungsfeld von Glaubensüberzeugungen befindet sich jeder Mensch, ob er will oder nicht.

Dann ergänzte der Prediger: Und wenn jemand glaubt, dass er ungläubig sei, dann glaubt er zumindest an den Unglauben, also an unglaubliche Hypothesen. Dabei merkte man trotz des ernsten Themas seinen hintergründigen Humor.

Es folgte eine kurze Gedankenpause. Petrus konnte ihm bisher ganz gut folgen. Ein paar Vokabeln wie zum Beispiel das Wort Wellenlänge waren ihm fremd. Aber eine Vielzahl von Religionen hatte er leider auch schon in seiner Heimat Israel erlebt. Es gab viel Mystisches, vor allem auch in den griechischen und römischen Götterphilosophien.

Der zweite Aspekt seiner Predigt behandelte die Frage nach dem Was. Was sollte man sinnvoller Weise glauben? Er wolle auf keinen Fall die vielen Tausend Glaubensüberzeugungen und Religionen schlecht machen oder diskreditieren. Immerhin gebiete es der Anstand, dass man allen Menschen mit Respekt und Achtung begegnet. Und zuhören ist allemal besser als belehren.

Aber wenn es außerhalb der Religionen einen Gott gibt, der sich den Menschen durch Offenbarung zu erkennen gibt, dann braucht man eigentlich nicht weiter zu suchen. Dann ist es nicht die Suche von unten nach oben, sondern ein Sichfindenlassen von diesem Gott der Offenbarung. Dann allerdings heißt die Frage nicht „Was glaube ich“, sondern es muss besser heißen: „An wen glaube ich“.

Der Prediger nahm jetzt seine Bibel zur Hand, und sagte, dass der Apostel Paulus einmal in der griechischen Hauptstadt Athen war. In der Apostelgeschichte, die der Arzt Lukas aufgeschrieben hatte, wird diese Begebenheit berichtet. Dann las der Prediger einige Texte aus diesem Bericht vor.

Paulus hatte demnach die vielen Heiligtümer in der Stadt bewundert. Ein Altar fiel ihm besonders auf. In Stein eingemeißelt stand da drauf: „Einem unbekannten Gott“. Das war für Paulus der Anlass, diesen bisher unbekannten Gott zu beschreiben. Er erzählte, dass dieser Gott die Welt erschaffen hatte und alles, was dazu gehört. Er sei der Herr über Himmel und Erde, und er wohne nicht in Tempeln, die von Menschen gemacht wurden.

Petrus kannte zwar nicht die Apostelgeschichte. Aber er kannte noch den Arzt Lukas, und er erinnerte sich, dass ihm Paulus damals in Rom auch die Begebenheit von Athen geschildert hatte. Die Athener waren sehr wissbegierig. Sie hatten dem Paulus gern zugehört. Als aber Paulus dann von Jesus predigte, dass er der Sohn Gottes sei, dass er von den Römern unter Pontius Pilatus gekreuzigt worden ist, und dass er am dritten Tag von Gott auferweckt wurde, da wurde es den Athenern zu bunt. Sie lächelten und lästerten und ließen Paulus auf dem Areshügel einfach stehen. Nur ein paar wenige erkannten, dass Paulus ein ehrlicher Mann war und kein Scharlatan. Mit diesen Leuten konnte Paulus dann eine kleine Gemeinde gründen.

Der Prediger gab dann zu bedenken, dass wohl jeder in seiner Seele ein Heiligtum für den unbekannten Gott in sich hat. Dann erinnerte er an den Text, der im Bibelgespräch von der Moderatorin vorgelesen wurde. Er las noch einmal die Verse vor, in denen der Apostel Paulus an die römischen Christen schrieb, dass Gottes unsichtbares Wesen seit der Schöpfung der Welt an seinen Werken erkennbar sei, so dass keiner eine Entschuldigung habe. Denn obwohl die Menschen ahnten und auch wussten, dass ein allmächtiger Gott existiert, haben sie ihn doch nicht gepriesen. Ihre banale menschliche Weisheit ließ keinen echten göttlichen Einfluss zu.

Petrus wunderte sich, dass sein alter Missionsfreund Paulus so deutlich den Zustand der Welt geschildert hatte. Hoffentlich fühlte sich keiner vor den Kopf gestoßen. Er, Petrus, hätte sich wahrscheinlich diplomatischer ausgedrückt. Er hätte gewartet, bis Bekehrungswillige gefragt hätten: Was sollen wir tun? Dann hätte er geantwortet wie damals zu Pfingsten: Tut Buße, lasst euch taufen auf den Namen Jesu Christi, tut das, was Jesus gelehrt hat! Petrus war nahe dran, sich in seiner Gedankenwelt zu verlieren. Als aber hinter ihm einer kräftig hustete, schaute er wieder gespannt nach vorn.

Der Redner war gerade dabei, den dritten Punkt seiner Predigt zu erläutern. Es war die Frage nach dem Wie. Glauben – wie macht man das? Er sagte, dass alle Antworten in der Bibel zu finden seien. Viele gläubige Christen beten zu Gott. Sie bringen dabei ihre Erwartungen zum Ausdruck. Vielleicht sollte man aber auch besser danach fragen, was Gott von einem erwartet. Dann las er wieder einen Text aus der Bibel vor:

Es ist dir gesagt, Mensch, was gut ist und was der Herr von dir erwartet, nämlich Gottes Wort halten und Liebe üben und demütig sein vor deinem Gott.

Der Prediger erklärte, dass in diesen Worten des alten Propheten Micha die gesamte Lehre von Jesus enthalten sei. Das sei sozusagen das Triumvirat des Glaubens. Man kann keins vom anderen trennen. Wer nur die Grundsätze Gottes im Auge hat, der bleibt kalt im Herzen. Wer nur die Liebe betont, aber nicht bereit ist, Gottes Grundsätze auszuleben, der täuscht sich selbst. Und wer nur sklavenmäßig demütig sein möchte, der steht in der Gefahr, den Menschen mehr Gehorsam entgegenzubringen als Gott; der untergräbt auch seine eigene Würde, die Gott jedem seiner Geschöpfe gegeben hat. Wer aber andererseits nicht demütig sein kann, der überschätzt sich selbst in seiner Eitelkeit.

Wer sich mit seinem eigenen Bekenntnis auf den Namen des Vaters, des Sohnes und des heiligen Geistes taufen lässt, der lebt fortan in einer engen Beziehung zu und mit Jesus Christus.

Letztendlich ist der Glaube immer eine persönliche Willensentscheidung.

Es gab dann noch einige Äußerungen über die Motivation des Glaubens, über Gottes Zusagen und Verheißungen, über die Wiederkunft Jesu und die Auferstehung der Kinder Gottes und schließlich auch über die Absicht Gottes, die Erde und die Himmel total neu zu gestalten.

Zum Abschluss sagte der Prediger, dass wir Christen Wartende seien, Wartende auf die Erfüllung der letzten Verheißungen.

Maria hatte sich einige Stichpunkte in ihrem Merkheft notiert. Sie wollte später einige Fragen mit ihrem Alessandro erörtern. Nun aber schaute sie etwas verlegen auf ihre Armbanduhr und machte auch Petrus auf die fortgeschrittene Zeit aufmerksam.

Da hatte sich der Prediger auch schon wieder gesetzt und der Klavierspieler gab die Anfangstöne eines Liedes an, wobei die Gemeinde aufstand und der Liedtext wieder an der Wand zu lesen war. Nach dem Singen des Liedes sprach der Prediger ein Gebet. Die letzte Worte des Gebets waren: Maranata – unser Herr Jesu komm – Amen.

Maria und Petrus wollten sich gerade wieder setzen, da wurde aber noch ein besonderes Abschlusslied, ein Segenslied angestimmt. Dann sprach der Prediger noch einen Segensspruch mit erhobenen Händen. Petrus erkannte sofort, dass es sich hierbei um den alten aaronitischen Segen handelte. Diese Segensworte, die die Priester seit Aarons Zeiten dem Volk Gottes zugesprochen hatten, hatte auch er oft der jungen Christengemeinde mit auf den Weg gegeben. Den Text kannte er auswendig.

Nun endlich setzte sich die Gemeinde wieder und der Klavierspieler spielte zum Abschluss ein Postludium. Nach etwa einer Minute stand die letzte Reihe auf und verließ den Saal. Dann kam die vorletzte Reihe dran und so weiter. Petrus und Maria wunderten sich über diesen geordneten Ausgang. Sie reihten sich ebenfalls mit ein. Auf dem Vorplatz erlebten sie dann eine lebendige Gemeinde. Viele Gesprächsgruppen waren da zu sehen. Einige verschwanden auch in einer Tür neben dem Haupteingang. Da wurden sie plötzlich von der Frau, die sie schon beim Empfang angesprochen hatte, gefragt, ob sie noch etwas Zeit hätten. Sie könnten auch gern in dem Gemeinschaftsraum am gemeinsamen Essen teilnehmen.

Maria bedankte sich für die Einladung, wehrte aber sofort ab und sagte, dass sie zu Hause schon alles vorbereitet habe.

Auf der Straße spürte man, dass der Wind zugenommen hatte. Die ersten Regentropfen fielen zur Erde. Gut, dass Maria den Regenschirm dabeihatte. Petrus hatte schon seine Flatcap aufgesetzt. Maria wechselte auf die rechte Seite von Petrus und drückte ihm den geöffneten Schirm in die Hand. Dann hakte sie sich bei ihm ein und sagte zu Petrus, dass man das so mache. Petrus ließ es sich gefallen.

Der Pater sah die beiden schon von weitem kommen. Er war gerade dabei, die Fenster aufgrund des stärker werdenden Windes zu schließen. Als er zur Tür herauskam, begrüßte er die beiden mit Hallo und sagte, dass sie daherkommen wie ein schönes altes Ehepaar. Maria kannte den lieb gemeinten Humor ihres Chefs, deshalb konterte sie in gleicher Weise und fragte, während sie den Schirm wieder einklappte, ob er neidisch sei. Alessandro wechselte geschickt das Thema und sagte, dass er sich schon auf das Mittagessen freue. Daraufhin sagte Maria, dass sich die beiden Herren noch zehn Minuten gedulden müssten.

Diese Zeit wollte Petrus nutzen, um sich im Bad wieder frisch zu machen. Er wurde ja von vielen Besuchern in der Kirche mit Handschlag begrüßt, und Händewaschen ist sehr wichtig und ein wesentliches Merkmal der Körperhygiene. Dabei erinnerte sich Petrus an die Worte, die der Pastor in seiner Predigt so fast nebenbei erwähnte, dass Hygiene auch in der Gedankenwelt und im Glaubensleben wichtig sei, weil manchmal von allen möglichen Seiten bösartige Bazillen und Viren die gesunde Wahrheit bekämpften und auch mit scheinbar guten Philosophien unterwandern wollten. Gott zeigt den Weg, der Teufel zeigt Alternativen. Wo Gott seine Gemeinde baut, setzt der Teufel Tausend Kirchen daneben. Diese Gedanken bewegte Petrus in seinem Herzen. Er wollte weiter darüber nachdenken, wie man zum Beispiel falsche Entscheidungen korrigieren könnte und durch praktischen Glauben an Jesus glückselig würde.

Jetzt wollte er aber Maria nicht warten lassen. Er ging noch etwas gedankenversunken durch die Küche in die gewohnte Essecke.

Maria hatte inzwischen den Milchreis in der Mikrowelle erhitzt. Die Teller waren auch schon auf dem Tisch. Als Beiwerk standen Zucker, Zimt und Apfelmus bereit. Es fehlte nur noch der Hausherr.

Also nahm Maria die Essensglocke vom Schrank und läutete in den Flur hinein. Da kam Alessandro auch schon mit schnellem Schritt und entschuldigte sich, weil die anderen warten mussten. Aber zu Maria sagte er, dass sie nicht so laut hätte klingeln müssen, denn der tolle Geruch hatte ihn bereits alarmiert.

Während des Essens fragte Alessandro natürlich, wie den beiden der Kirchgang gefallen habe. Maria fühlte sich berufen, als erste ein Statement abzugeben. Sie sagte, dass es ganz nett war. Jeder Christ sollte einmal einen solchen Gottesdienst besuchen. Aber eigentlich war es gar kein richtiger Gottesdienst. Es fehlte das Glockengeläut, es wurde keine Liturgie mit Glaubensbekenntnis gesprochen, der Pfarrer hatte auch kein liturgisches Gewand an, und die Ausstattung des Kirchensaales war auch sehr bescheiden. Aber im Großen und Ganzen war es eine sehr freundliche Atmosphäre; sie habe sich auch einige Notizen gemacht.

Nun schaute Alessandro den Petrus an und fragte, welchen Eindruck denn unser Bruder Peter bekommen habe. Petrus schluckte noch den Reis herunter, den er gerade im Mund hatte, und sagte dann, dass der Kirchgang doch sehr interessant gewesen sei. Er habe nicht so sehr auf Äußerlichkeiten geachtet, aber das Gespräch über das erste

Kapitel des Paulus an die römischen Christen und auch die Thematik der Predigt über den Sinn des christlichen Glaubens haben ihn an urchristliche Gemeindeversammlungen erinnert. Damals wurde auch sehr viel in der vorhandenen Bibel studiert. Maria ergänzte noch, dass ihr die Lieder und überhaupt die musikalischen Beiträge gut gefallen haben. Und dass sie nach dem Gottesdienst zum gemeinsamen Mittagessen eingeladen wurden, empfand sie auch sehr angenehm.

Alessandro hatte während des Essens gut zugehört. Er sagte, dass er eventuell auch mal interessehalber diese Kirche besuchen wolle. Aber nun fragte er, was man heute Nachmittag unternehmen könnte. Maria schlug eine Möglichkeit vor, sie wolle ein Picknick vorbereiten. Dann könnte man in einen Park fahren, zum Beispiel in den Borghese-Park, aber natürlich nur, wenn es nicht mehr regnen sollte. Alessandro meinte, dass man erstmal abwarten müsse, dann könne man immer noch entscheiden.

Petrus sagte zu Maria, dass ihm das Mittagessen gut geschmeckt habe. Die Kombination von Milchreis und Zimt und Zucker kannte er noch nicht. Weiter sagte er, dass sie ihn rufen sollte, wenn es zum Picknick gehe. Er wolle sich jetzt erst einmal in seinem Zimmer etwas ausruhen.

Maria räumte noch das Geschirr vom Tisch und ging dann auch für eine Stunde in ihre Stube, und Alessandro verschwand ebenfalls in seinem Arbeitszimmer.

Petrus war nach dem guten Essen sehr müde geworden, deshalb legte er sich sofort auf sein Bett. Eigentlich wollte er noch in der neuen Bibel den Brief lesen, den Paulus an die römischen Christen geschrieben hatte, aber das könne er sicher noch am Abend machen.

Nach etwa einer Stunde hörte er, dass Maria sich wieder in der Küche zu schaffen machte. Petrus musste an die Marta in Betanien denken, die Schwester von Lazarus und Maria, bei denen sie damals mit Jesus gerne gewesen waren. Marta war auch so freundlich und fürsorglich wie hier Maria. Da hatte Alessandro wirklich viel Glück, dass er so eine liebevolle Unterstützung für Haus und Hof bekommen hat.

Nach einer weiteren Stunde klopfte Alessandro an die Tür und sagte, dass sie nun aufbrechen wollten. Als alle drei dann in der Küche waren, schaute Maria in ihr Wetterprogramm auf ihrem Smartphone. Zurzeit schiene zwar die Sonne, aber in einer reichlichen Stunde werde es wahrscheinlich wieder regnen. Da wäre es am besten, sie blieben vorsichtshalber im Garten. Man könne ja an dem kleinen Teich den Campingtisch aufstellen und drei Gartenstühle dazu.

Petrus und Alessandro gingen dann in den Garten um alles vorzubereiten. Maria wollte noch den Picknick-Korb zurechtmachen. Sie hatte bereits einen Rhabarberkuchen in der Mikrowelle aufgetaut, den Rührkuchen aus dem Vorratsschrank in Scheiben geschnitten und den Kaffee in die Thermoskanne gefüllt. Dann hatte Maria noch ihre Schwester Anna angerufen und gefragt, ob sie vielleicht auch zum Picknick kommen möchte. Der Peter und auch Alessandro hätten bestimmt nichts dagegen. Mit den vielen Utensilien im Korb ging Maria zum vereinbarten Platz an dem kleinen Teich. Sie hatte sogar eine passende Tischdecke dabei. Die beiden Herren hatten auch schon alles bereitgestellt. Alessandro holte noch den Sonnenschirm aus dem Schuppen hinterm Haus. Er meinte, dass man im Schatten etwas angenehmer sitze.

Maria stellte dann den Kuchen und vier Tassen auf den Campingtisch. Dabei hatte sie schon damit gerechnet, dass Alessandro gleich fragen würde, ob sie sich verzählt hätte. Aber Alessandro konnte sich schon denken, weshalb eine vierte Tasse bereitgestellt wurde. Er fragte Maria, ob sie vielleicht ihre Schwester noch mit eingeladen habe. Maria musste lächeln und meinte, dass ein wenig Gesellschaft allen Seiten guttun würde.

Während Alessandro noch einen vierten Stuhl holte, inspizierte Petrus inzwischen den Gartenteich. Er beobachtete die Libellen, die sich über dem Wasser ihre Beute suchten. Dann, am Tisch angekommen, sagte Petrus, dass er den Libellen zugeschaut hatte. Es sei bewundernswert, wie diese Insekten geräuschlos über dem Wasser mit ihren filigranen Flügeln dahinschwebten. Jedes Tier und jedes Tierchen ist ein Schöpfungswunder für sich. Er habe schon oft darüber nachgedacht, warum Gott wohl eine so überdimensionale Vielfalt in der Tier- und Pflanzenwelt geschaffen hätte. Selbst das Universum wimmelt nur so von unzähligen Himmelskörpern. Alessandro stimmte dem zu und meinte, dass unser Gott alles zur Freude der Menschen und der himmlischen Geschöpfe gemacht habe. Und der Allmächtige hat dem Menschen einen besonderen Forschergeist eingehaucht, so dass er alles Mögliche untersuchen könne, von kleinsten organischen Lebewesen bis hin zu den größten Galaxien im Weltall.

Alessandro erzählte weiter, dass es alleine bei den Libellen über Sechstausend unterschiedliche Arten in der Welt geben soll. Mit ihrer Flügeltechnik können sie sogar auch rückwärts fliegen oder blitzschnell die Richtung ändern. Und wenn er im Frühjahr den Teich saubermacht, habe er oft schon Libellenlarven aus dem Schlamm gerettet und wieder ins Wasser gegeben.

Maria war inzwischen zum Gartentor gegangen, um ihre Schwester in Empfang zu nehmen, die gerade mit ihrem Fahrrad angekommen war. Nach der freundlichen Begrüßung holte Anna eine Dose aus ihrer Tasche. Sie sagte, dass sie nicht mit leeren Händen kommen wollte, deshalb hat sie noch ein paar von ihren Mandelplätzchen mitgebracht.

Petrus fühlte sich offensichtlich sehr wohl in der illustren Runde. Den meisten Gesprächsstoff hatte Anna mitgebracht. Sie erzählte, dass sie nach dem gestrigen Besuch von Maria und Peter noch mit ihrer Tochter telefoniert hatte. Dabei hatte sie auch erwähnt, dass der Herr Peter am Sonnabend einen Kirchgottesdienst der Sabbatisten besuchen wollte. Ihre Tochter hat ihr dann geantwortet, dass in der Klinik, in der sie arbeitet, der Kirchgottesdienst auch am Sonnabend stattfindet. Sie würde ja auch gern mal einen solchen Gottesdienst besuchen, aber ihr Mann sei strikt dagegen. Dann wollte Anna von Maria und Peter wissen, ob sie wirklich in dieser anderen Kirche gewesen wären. Nun erzählte Maria, dass es ihr ganz gut gefallen habe. Es seien eben andere Christen. Sie arbeiten sehr viel mit der Bibel und lehren und leben den Glauben der ersten christlichen Gemeinden. Im

Allgemeinen könne man über diese Christen nichts Schlechtes sagen. Vielleicht sollte sich mancher von uns Katholiken mit dieser Sekte einmal beschäftigen und eventuell auch versuchen, so zu leben. Dabei schaute sie mit schielendem Blick auf Alessandro. Er fühlte sich auch gewissermaßen angesprochen und meinte nur lapidar, dass jeder an die Richtigkeit seiner Ansichten glaube.

Während des Kaffeetrinkens gab es noch eine rege Unterhaltung über dies und jenes, über Gott und die Welt. Alessandro stellte wiederholt die Autorität seiner heiligen katholischen Kirche in den Mittelpunkt seiner Argumentation. Er sagte, dass es zu allen Zeiten seit Bestehen der Kirche Abweichler gegeben habe. Aber die meisten existieren heute nicht mehr. Gewiss hatte die Kirche im frühen und späteren Mittelalter übertriebene Härte gegen die Ketzer ausgeübt. Das war sicher nicht im Sinne der Bergpredigt von Jesus. Viele Kriege und Kreuzzüge sollten aber die Vormachtstellung der Papstkirche festigen. Doch heute sei es, Gott sei Dank, nicht mehr so. Heute gibt es christlichen Frieden mit allen möglichen Richtungen, zumindest mit fast allen Richtungen.

Petrus sagte darauf, dass Jesus ja der Friedefürst sei, der Kriege ein für allemal abschaffen wolle.

Und Friedensstifter werden von Jesus sogar glückselig gepriesen. Aber solange egoistische Machthaber die Welt regieren, wird es auch keinen Weltfrieden geben. Jesus hatte in einer Predigt einmal gesagt, dass es vor seinem Wiederkommen viele Kriege zwischen den Völkern geben würde.

Dazu kämen auch viele Naturkatastrophen, weltweite Krankheiten und falsche Erlöser und Propheten. Wer sich in dieser letzten Zeit zu Jesus bekennt, lebt gefährlich, wird lächerlich gemacht und hier und da Verfolgung erleiden müssen. Christen brauchten in solchen Zeiten ein sicheres Fundament, einen festen Halt in der Verbindung mit Jesus Christus.

Maria schenkte noch mal ringsum Kaffee ein. Dabei sagte sie, dass es heute bereits eine Unmenge von Kriegen und Katastrophen gebe, auch viele neue Krankheiten grassieren in der Welt. Da könnte man den ganzen Tag nur noch Trübsal blasen, aber dankbare Christen lassen sich nicht unterkriegen, denn irgendwo steht wohl in der Bibel, dass wir allezeit fröhlich sein sollen. Zum Beispiel freue sie sich schon auf den Kirchgang am Sonntag, wenn unser Pater wieder mit seinem prächtigen Priestergewand auf der Kanzel stehe.

Alessandro winkte verlegen ab. Er sagte, dass die Kleiderordnung für die heilige Messe eine alte Tradition sei. Besondere Priestergewänder gebe es in allen Religionen; schon die Priester im alten Israel hatten ihre vorgeschrieben Dienstkleidung. Damit sollte und soll die Autorität einer Amtsperson hervorgehoben werden.

Petrus ergänzte, dass es seit der Himmelfahrt nur noch einen Hohenpriester gebe, nämlich Jesus Christus. Jeder bekennende Christ sei gewissermaßen ein Priester, also ein Seelsorger und auch ein Vermittler des Evangeliums. Eine Priesterkleidung sei also nicht unbedingt erforderlich, aber wer die Tradition liebt, der achtet eben auch auf solche Äußerlichkeiten.

Alessandro blickte Petrus etwas genauer an und sagte dann in seinem humorvollen Unterton, dass unser lieber Herr Peter sich bestimmt gut als Papst Peter der Zweite machen würde. Da könne er so manches anders machen und vielleicht die Kirchengeschichte rekultivieren. Dann fragte Alessandro, was Peter als Papst wohl verändern wolle. Petrus überlegte nicht lange und sagte, dass er zu allererst alle Würdenträger verheiraten wolle, also zumindest die, die es gerne möchten. Damit würde den Verantwortlichen in der Kirche wahrscheinlich eine große Last abgenommen und sie könnten besser in den Themen Eheberatung und Kindererziehung mitfühlen und mitreden.

Jetzt meldete sich auch Anna, die Schwester von Maria, zu Wort. Sie sagte, dass ihr Schwiegersohn während seiner dreijährigen Dienstzeit in der Schweizer Garde nicht heiraten durfte. Das hatte die Beziehung zu ihrer Tochter Elisabeth doch ganz schön belastet. Aber sie haben durchgehalten. Und sie wäre auch dafür, dass das Zölibat endlich abgeschafft würde. Unter vorgehaltener Hand flüsterte sie ihrer Schwester ins Ohr, dass sie dann endlich den Pater heiraten könnte. Maria hatte gerade die Kaffeetasse am Mund, als sie das hörte. Schnell und etwas verwirrt stellte sie die Tasse wieder auf den Tisch, dabei verschüttete sie etwas Kaffee. Um sich nichts anmerken zu lassen, fragte sie ihre Schwester, wie ihr der Rhabarberkuchen geschmeckt hätte. Anna lobte ihre Schwester und sagte, dass sie den Kuchen nicht besser hätte machen können.

Alessandro konnte sich schon denken, was die beiden Frauen so tuschelten, aber er war Gentleman genug, um sich nicht einzumischen. Er sagte zu allen, dass er sich freuen würde, wenn alle drei morgen zur heiligen Messe um zehn Uhr in seiner Kirche wären. Anna sagte sofort, dass es doch eine Selbstverständlichkeit wäre, und sie freue sich auch schon auf den Kirchgang.

Maria hob ihre Hand und zeigte auf die dichter werdende Wolkenwand. Inzwischen war es auch wieder windiger geworden. Maria sagte, dass der liebe Herrgott nun unser Picknick beenden möchte. Anna verabschiedete sich und sagte, dass sie noch im Trockenen nach Hause kommen möchte. Und zu Petrus sagte sie noch, dass sie sich freuen würde, wenn er vielleicht morgen Nachmittag mit Maria wieder zu ihr kommen könnte.

Alessandro sagte, dass er nichts dagegen hätte; er müsse sich leider morgen Nachmittag auf eine Beerdigung vorbereiten. Ein Bruder aus der Gemeinde sei nach kurzer Krankheit plötzlich verstorben.

Maria gab ihrer Schwester Anna zu verstehen, dass sie sie gern wieder besuchen möchten. Dann umarmten sich die beiden Frauen und Anna fuhr mit dem Fahrrad wieder nach Hause. Maria steckte nun alles Geschirr in ihren Picknickkorb und ging ins Haus.

Alessandro und Petrus räumten noch die Stühle, Sonnenschirm und Campingtisch in den Schuppen. Nach einem kleinen Rundgang um den Teich gingen sie dann auch ins Haus.

Alessandro sagte zu Petrus, dass er schnell noch zu den Angehörigen des Verstorbenen fahren müsse. Er wäre aber zum Abendessen wieder zu Hause. Petrus war es recht, er wollte sich sowieso in sein Zimmer zurückziehen, um weiter in den letzten Seiten der Bibel zu lesen.

Im Zimmer angekommen, legte sich Petrus erst einmal auf sein Bett und streckte Beine und Arme weit von sich. Nach ein paar Minuten setzte er sich auf den Bettrand und dankte Gott mit erhobenen Händen für den schönen Sabbattag.

Dann nahm er das Bibelbuch zur Hand und fing wieder von hinten an zu blättern. Petrus las nun in der Offenbarung das Kapitel 20. Da stand etwas von einem Engel, der den Schlüssel zum Abgrund hatte und den Satan für Tausend Jahre wegsperrte. Und zu Beginn dieser langen Zeitspanne wird die erste Auferstehung geschehen. Wer da dabei sein wird, der gehört zu den Heiligen, die mit Christus regieren werden.

Petrus erinnerte sich an die vielen Gespräche damals in Rom mit seinem Apostelbruder Paulus. Sie fragten sich oft, wann denn der jüngste Tag sein würde. Paulus war der Meinung, dass wenn Jesus in den Wolken erscheint, die verstorbenen Gläubigen aller Zeiten auferstehen würden, egal ob sie normal gestorben sind oder auf dem Scheiterhaufen verbrannt oder von wilden Tieren zerrissen wurden. Die Kraft Gottes sei schließlich grenzenlos. Und die Auferstandenen würden dann zeitgleich mit den noch lebenden Christen, die also im Buch des Lebens stehen, dem Herrn Jesus entgegengerückt werden, allerdings nicht mit dem alten materiellen Körper, sondern mit einem verklärten Leib. Hier in der Offenbarung, so überlegte Petrus, wird dieses Erlebnis als erste Auferstehung bezeichnet. Petrus wusste, dass Jesus damals auch von zwei Auferstehungen gesprochen hatte, eine Auferstehung der Gerechten zu einem ewigen Leben und eine zweite für die, die dann für immer mitsamt dem Satan ausgelöscht würden. Mit Paulus hatte er dann weiter philosophiert, was das denn für ein Himmel wäre, wo die Gerechten mit Jesus regieren würden. Paulus meinte, dass das ein Geheimnis Gottes sei. Dieses himmlische Reich sei ein Raum für die Engel und wahrscheinlich auch für ausgewählte Heilige wie Elia oder Mose. Dieser Raum Gottes bietet nun genug Platz für alle. Jesus hatte mal gesagt, dass es in seinem Himmel genügend Wohnungen gäbe.

Während Petrus sich seine Vorstellungen vom zukünftigen Reich Gottes machte, fiel ihm das Bibelbuch aus der Hand. Er wäre fast eingeschlafen, weil er doch von den Erlebnissen des Tages müde geworden war. Also schloss er die Augen und wollte warten, bis Alessandro wiederkäme.

Nach etwa einer Stunde hörte Petrus, dass das Garagentor geöffnet wurde. Er stellte die Bibel wieder zurück in das Regal und ging schon mal in die Küche. Hier war Maria mit den Vorbereitungen für das Abendbrot beschäftigt. Aber erstmal stellte sie dem Herrn Peter ein Glas mit frischem Orangensaft auf den Tisch. Petrus bedankte sich und fragte, was sie denn heute wieder Feines auf den Tisch bringen wollte. Es würde so gut riechen. Maria lachte und erzählte dann, dass sie für heute Abend ein Carpaccio aus jungen Zucchini zubereite. Das sei in Italien eine übliche mediterrane Speise. Aber, sagte sie weiter, der Geruch komme von der Bratpfanne, in der für morgen Mittag schon der Lammbraten schmore. Wenn sie denn morgen vom Kirchgang nach Hause kommen, wäre das Essen schon fast fertig.

Alessandro schaute kurz in die Küche und meldete sich zurück. Dabei hob er sanft die Nase und genoss den appetitanregenden Duft, der sich in der Küche breit machte. Er gehe nur schnell in sein Arbeitszimmer und komme gleich wieder.

Nachdem sich Alessandro dann mit an den Tisch gesetzt hatte, erzählte er von seinem Besuch bei den Angehörigen des Verstorbenen. Er sagte, dass alle sehr traurig waren, weil der Mann eigentlich noch zu jung war um zu sterben. Allerdings sei es auch eine Erlösung gewesen, weil der Mann doch sehr krank war. Alessandro sagte weiter, dass es immer schwer sei, Worte des Trostes zu finden. Er erinnerte die Angehörigen an die vielen guten Erlebnisse, die sie zu Lebenszeiten hatten, und dass man in diesem Sinne auch dankbar sein könne. Dankbarkeit sei der Schlüssel allen Trostes.

Petrus hatte aufmerksam zugehört. Er sagte dazu, dass Dankbarkeit überhaupt auch der Schlüssel zum Glauben wäre. Christenmenschen sind auch immer dankbare Geschöpfe.

Maria hatte inzwischen schon das Abendessen auf den Tisch gestellt. Die zarten Zucchinischeiben sahen sehr lecker aus. Dazu gab es wieder Ciabattabrot und heißen Kräutertee.

Während des Essens erzählte Alessandro, wie die Beerdigung am Montag ablaufen würde. Von der Aussegnung in der Trauerhalle bis zur Grablegung. Petrus fragte, ob Alessandro sich schon einen Text für die Trauerandacht ausgesucht hätte. Der Pater sagte, dass er einen Text aus den Psalmen, und zwar aus dem einunddreißigsten Kapitel die Verse zwei bis sechs verwenden werde. Dieser Text passe sehr gut zu den Lebensumständen und der Hoffnung des Verstorbenen. Im Vers sechs heißt es zum Beispiel: „In deine Hände befehle ich meinen Geist; du hast mich erlöst, Herr, du treuer Gott.“

Petrus sagte, dass ihm der Text sehr bekannt vorkomme. Alessandro ergänzte, dass dieser Text im Vers sechs auch eines der letzten Worte von Jesus am Kreuz war, bevor er sein Haupt neigte und starb.

Eigentlich wollte Alessandro mit Petrus noch eine Runde spazieren gehen, aber der Wind war wieder sehr stürmisch geworden und die Regenwolken hingen auch sehr tief. Deshalb blieben sie noch eine Weile sitzen, und Maria kam dann auch dazu, nachdem sie den Tisch abgeräumt hatte. Sie stellte sogar eine Kerze auf den Tisch, damit es gemütlicher sein sollte.

Petrus fragte Maria, wie sie ihr Leben bisher gemeistert habe und wie sie schließlich hier im Hause des Paters gelandet wäre. Maria erzählte, dass sie als junges Mädchen viel Sport getrieben hatte. In der Kirche habe sie lange im Kirchenchor mitgesungen. Sie hatte auch einige Jahre in einer Schneiderei gearbeitet. Dann kam eine Phase, in der sie überlegte, ins Kloster zu gehen, um Nonne zu werden. Aber ihre Schwester hatte ihr dringend abgeraten, so ist sie schließlich hier im Hause von Alessandro gelandet.

Alessandro nickte wohlwollend und sagte, dass das die beste Lösung für Maria und für ihn gewesen wäre.

So ging die Unterhaltung noch eine Weile weiter bis dann Alessandro sagte, dass dieser Tag für alle ein schöner und interessanter Tag war.

Petrus zitierte noch einen Vers des Propheten Jesaja:

Gott gibt dem Müden Kraft und dem Kraftlosen verleiht er große Stärke.

In diesem Sinne wünschte Petrus eine gute Nacht und auch eine gesegnete neue Woche.

Im Gästezimmer angekommen, las Petrus noch ein paar Seiten in der Bibel. Er wartete, bis Alessandro den Baderaum verlassen hätte. Dann ging auch er ins Bad, um sich für die Nacht frisch zu machen.

Tag fünf – Sonntagserlebnisse

In der Nacht hatte Petrus sehr unruhig geschlafen. Ihn quälte der Gedanke, warum wohl die Kirche von Alessandro so viel Wert auf die römische Sonntagsfeier lege. Er suchte in seinem Gedächtnis nach irgendwelchen Hinweisen in den alten Schriften, aber er fand immer nur die Bestätigung für die von Gott gewollte Sabbatheiligung. Die Schriftrolle von Jesaja kannte er fast auswendig. Dieser Prophet, der besonders auch die Endzeit der alten Erdgeschichte beleuchtete, hatte auch die Wichtigkeit des Ruhetages betont.

Hatte vielleicht Jesus seinen Nachfolgern die Heiligung des ersten Wochentages empfohlen oder gar befohlen? Petrus konnte sich nicht an so eine Anweisung erinnern. Auch die anderen Apostel hatten seiner Kenntnis nach nichts dergleichen berichtet.

Jesus hatte zwar in seiner Wirkungszeit so manche falsche Regel der jüdischen Obrigkeit kritisiert. Viele waren in überfrommer Weise entstanden. Gerade auch die lieblosen und lästigen Sabbatregeln musste Jesus des Öfteren tadeln. Dabei war es ihm eine Selbstverständlichkeit, jeden Sabbat in die Synagoge oder in den Tempel zu gehen. An seinem Vorbild darf sich bis heute jeder Christ orientieren.

Petrus öffnete nun das Fenster so weit es ging und atmete erst einmal tief durch. Er nahm sich vor, ohne große Kommentare sich durch die Sonntagserlebnisse führen zu lassen.

Im Flur waren schon die Schritte von Alessandro zu hören. Also hatte er, Petrus, noch etwas Zeit bis zur Morgentoilette. Er ging wieder zum Fenster, um die Natur einzuatmen und die Vögel zu beobachten. Hinter den Bäumen sah er auch Nachbars Katze, wie sie beharrlich auf einen Fleck starrte. Er schnalzte noch mit der Zunge in Richtung Katze, aber diese ließ sich nicht beeindrucken.

Dann endlich konnte sich Petrus auch im Bad frisch machen. Alessandro war wieder in sein Zimmer gegangen. Die fleißige Maria war auch schon auf den Beinen. Petrus hörte, wie sie in der Küche ein Lied trällerte. So gut gelaunt konnte es nur ein fröhlicher Tag werden.

Als alle drei dann am Frühstückstisch saßen wünschte Petrus erst einmal allen eine gesegnete neue Woche. Darauf ergänzte Alessandro, dass er heute auch allen einen gesegneten Sonntag wünsche. Dann öffnete Alessandro wie jeden Morgen seine Bibel und las einen Text zur Morgenandacht. Dieses Mal hatte er wieder einen Text aus den Psalmen aufgeschlagen und las das Gebet von Mose. Alessandro erklärte, dass dieser Mose vor mehr als dreitausend Jahren das Volk Israel aus der Sklaverei Ägyptens geführt hatte. Dann las er den Text:

Ein Gebet des Mose, des Mannes Gottes. Herr, du bist unsre Zuflucht für und für. Ehe denn die Berge wurden und die Erde und die Welt geschaffen wurden, bist du, Gott, von Ewigkeit zu Ewigkeit. Der du die Menschen lässest sterben und sprichst: Kommt wieder, Menschenkinder! Denn tausend Jahre sind vor dir wie der Tag, der gestern vergangen ist.

Alessandro legte die Bibel wieder zur Seite und sprach wie üblich das Tischgebet. Dieses Mal war es etwas ausführlicher, eben ein richtiges Sonntagsgebet.

Maria hatte frische Brötchen zubereitet. Alles war wieder sehr schmackhaft. Sie sagte, dass sie schon den ganzen Morgen einen besonderen Ohrwurm im Kopf habe; dann sang sie leise so vor sich hin: Jauchzet, frohlocket, lobpreiset den Tag. Alessandro freute sich mit ihr und sagte dann, dass er und seine Kommilitonen im Priesterseminar in den letzten Tagen ihres Studiums auch diesen Text oft gesungen haben. Ein deutscher Komponist hatte dieses wunderbare Oratorium geschrieben. Dann sang er auch die bekannte Zeile: Jauchzet, frohlocket, lobpreiset die Tage.

Petrus sagte, dass bei so viel Fröhlichkeit das Frühstück noch mal so gut schmecke.

Nach dem Frühstück zog sich Alessandro schnell zurück. Er sagte, dass er noch ein paar Vorbereitungen treffen wolle. Maria beschäftigte sich bereits mit den Kartoffeln für das Mittagessen, nachdem sie das Geschirr in der Spülmaschine verstaut hatte. Petrus nahm die Bibel von Alessandro zur Hand und las noch mal die Stelle aus dem Psalmbuch, die Alessandro zur Morgenandacht gelesen hatte.

Dann kam auch schon Alessandro und verabschiedete sich, wobei er zu Maria noch sagte, dass sie nicht zu spät kommen sollten. Maria erwiderte, dass sie noch Ihre Schwester Anna unterwegs abholen wolle.

Endlich war es soweit. Maria und Petrus gingen fein sonntagsgemäß angezogen in die Garage und setzten sich in Marias Auto. Nach dem Starten rollte das Elektroauto fast geräuschlos auf die Straße, das Garagentor schloss sich dank der

Fernbedienung automatisch. Petrus war wieder stark beeindruckt von dieser Technik.

Als sie bei Anna, also Marias Schwester, angekommen waren, ging Maria ins Haus, um Anna zu holen. Petrus blieb im Auto.

Nach etwa zehn Minuten, für Petrus eine gefühlte Ewigkeit, kamen beide Damen endlich zum Auto. Anna erklärte, sie hätte gerade noch telefoniert, und überhaupt wäre Maria viel zu zeitig gekommen. Maria konterte, dass sie doch heute eher in der Kirche sein wollten, weil sie noch einen günstigen Parkplatz suchen müssten. Auf einer Nebenstraße gab es dann doch noch einen relativ nahen Stellplatz.

Am Kirchenportal stand Alessandro und begrüßte alle Besucher mit seiner lächelnden Freundlichkeit. Petrus hätte ihn fast nicht erkannt, denn Alessandro hatte seine prächtige Priesterkleidung angezogen. Im ersten Moment musste Petrus an die besondere Kleidung der Hohenpriester in Jerusalem denken. Aber dass man sich heutzutage in einer christlichen Kirche auch wieder so pompös anzieht, das ist ja vielleicht des Guten zuviel. Andererseits ist es auch schön, wenn die Gemeindeverantwortlichen, also die Priester und Pfarrer, an ihrer Kleidung zu erkennen sind.

Beim Eingang in den Kirchsaal beobachtete Petrus, wie die Besucher ihre rechte Hand in ein kleines Wasserbecken tauchten, das in die Wand eingelassen war, und wie sie sich anschließend eine kreuzähnliche Handbewegung auf den Oberkörper zeichneten. Petrus hatte solche ähnliche Wasserbecken schon in alten griechischen Tempeln gesehen.

Maria merkte, dass Petrus an dem Weihwasserbecken vorbeiging. Da nahm sie schnell seine rechte Hand und tauchte seine Finger in das Wasser. Petrus war es irgendwie unheimlich, so eine mystische Gepflogenheit nachzumachen. Aber der Maria zuliebe ließ er sie gewähren, doch dann rieb er die nasse Hand an seiner Kleidung ab.

Im Kirchsaal gab es keine Stühle, sondern hohe und lange Bänke. Petrus wollte in der hintersten Reihe sitzen, aber Maria bestand darauf, dass sie in der Mitte Platz nahmen. Anna hatte für jeden ein Sitzkissen vom Eingang mitgenommen. Petrus fragte Maria, warum es denn hier keine Stühle gebe. Es sei doch nicht mehr zeitgemäß, in solchen engen Bänken zu sitzen. Maria stimmte ihm zu und sagte, dass sie das auch so empfinde. Es müsste endlich mal eine Bestuhlungsreform geben.

Inzwischen waren viele Plätze belegt. Maria und Anna winkten immer wieder bekannten Gesichtern zu. Dann läuteten im Kirchturm die Glocken. Alle Besucher erhoben sich nun von ihren Plätzen. Maria sagte zu Petrus, dass jetzt gleich der Priester mit den Ministranten kommen würde. Und da kamen sie schon. Zwei Burschen vorneweg. Einer schwenkte ein etwas verschnörkeltes Gefäß, aus dem Rauch herauskam. Der andere hatte eine Schale, deren Inhalt Petrus nicht einsehen konnte. Hinter den zwei Jugendlichen kamen dann drei weitere. In der Mitte ging ein Mädchen, flankiert von zwei Jungen. Alle drei waren scheinbar etwas jünger als die ersten Beiden. Das Mädchen hielt ein Kreuz vor dem Oberkörper, die beiden Jungen hatten jeder eine brennende Kerze. Das Mädchen kam Petrus bekannt vor. Er hatte es schon bei dem Religionsunterricht gesehen. Es war tatsächlich Francesca, die immer eine Antwort parat hatte. Sie würde bestimmt einmal eine wichtige Funktion in der Gemeinde übernehmen. Petrus wunderte sich wieder über die Art des Kreuzes. Es erinnerte ihn an das Kruzifix, das in der Andachtsecke von Annas Wohnzimmer stand. Denn auch hier bei Francescas kunstvollem Vortragekreuz war Jesus am Holz befestigt. In Petrus schwirrten die Gedanken ein wenig durcheinander. Er fragte sich, wer denn bloß diese Zeremonien und Symboliken erfunden hätte.

Hinter den fünf Ministranten kam dann Alessandro in seiner feierlichen Kleidung. Gemächlich schritten alle nach vorn, wo sich ein länglicher Tisch befand. Auf dem Tisch leuchteten sechs Kerzen und in der Mitte lag ein größeres offenes Buch, wahrscheinlich eine Bibel. Hinter dem Tisch war ein großes eingerahmtes Gemälde auf einem Sockel aufgestellt, auf dem ebenfalls einige Kerzen standen. Auf dem Bild war Johannes der Täufer zu sehen, wie er gerade den Herrn Jesus tauft. Allerdings war es keine richtige Taufe, sondern nur ein Überschütten mit etwas Wasser.

Petrus beobachtete sehr gespannt den weiteren Ablauf des Geschehens. Alessandro beugte sich über den Tisch, als wollte er den Tisch oder die Bibel küssen. Dann drehte er sich der Gemeinde zu und machte wieder dieses Kreuzeszeichen vor seinem Oberkörper. Dabei begrüßte er alle Anwesenden im Namen des Vaters und des Sohnes und des heiligen Geistes.

Die noch stehende Gemeinde antwortete dazu „Amen". Dann sagte Alessandro, dass der Herr mit allen Anwesenden sein möge. Auch hier gab es eine Antwort der Gemeinde, etwa in dem Sinne, dass der Geist Gottes auch mit dem Priester sein möge.

Petrus wartete, dass Alessandro endlich mit seiner Verkündigung beginnen würde. Aber Alessandro forderte die Gemeinde nun erst einmal auf, das Bekenntnis der Schuld und die Bitte um Vergebung zu sprechen. Mit aller Ernsthaftigkeit betete die stehende Gemeinde einen vorgegebenen Text. Petrus sah, wie sich Maria beim Sprechen immer wieder mit dem Daumen über den Mund fuhr und dabei auch ein kleines Kreuzzeichen machte.

Als in dem Gebetstext dann unter anderem auch die Jungfrau Maria vorkam, deren Fürbitte erbeten wurde, musste Petrus innerlich den Kopf schütteln. Er wusste, dass die liebe Maria nach wie vor im Grabe ruht und auf die Auferstehung wartet wie alle Brüder und Schwestern, die im Buch des Lebens gelistet sind. Petrus verstand auch nicht, dass die Mutter Jesu immer noch als Jungfrau bezeichnet wurde. Er selbst hatte die Familie von Joseph und Maria mehrfach kennengelernt. Außer Jesus gab es da unter anderen noch die jüngeren Brüder Jakobus und Simon.

Endlich wurde das Gebet um Schuldvergebung mit einem kräftigen „Amen“ beendet. In ehrfurchtsvoller Andacht blieb die Gemeinde weiter stehen, um nun ein Lobgebet zu sprechen. Alessandro war wieder der Vorbeter, wobei seine

Stimme mehr einem Gesang ähnelte. Nach dem „Amen“ des Lobgebetes kündigte nun der Priester ein weiteres Gebet an.

Darin ehrte Alessandro Gott als den Schöpfer und dankte auch wieder für die Güte und Barmherzigkeit. Dann nahm er Bezug auf verschiedene Gemeindeanliegen und bat um gutes Gelingen und Glaubensstärkung. Nach dem Abschluss des Gebetes setzte sich die Gemeinde wieder. Für Petrus war das lange Stehen in der engen Kirchenbank sehr anstrengend. Nun war er froh, dass Anna auch für ihn ein Sitzkissen mitgebracht hatte.

Inzwischen war ein Kirchendiener an das Stehpult getreten und las einen Text aus den Psalmen vor. Nach einer kurzen Gesangseinlage wurde ein zweiter Text gelesen, dieses Mal von einer Reise der Apostel Paulus und Barnabas nach Kleinasien. Petrus wäre damals gern mit den Beiden unterwegs gewesen, aber er musste sich in Jerusalem erst einmal um die vielen neuen Christen kümmern. Einige hatten ihre Felder verkauft und das Geld der jungen Gemeinde gespendet, denn alle dachten, dass ihr Meister Jesus sehr bald wiederkommen würde.

Petrus war mit seinen Gedanken noch im alten Jerusalem, als die Gemeinde plötzlich wieder aufstand. Er sah nun, dass sein Freund, der Priester

Alessandro, mit einem großen Buch zu einem Stehpult ging und einige Texte aus den Schriften von Matthäus und Markus vorlas. Nach einem Lobeswort auf Christus setzten sich alle wieder.

Nun war endlich die Zeit für die sonntägliche Verkündigung gekommen. Alessandro bezog sich zu Beginn noch einmal auf den Lobpreis für Christus, welches die Gemeinde gerade gesprochen hatte. Dazu las er dann den Text aus dem letzten Kapitel des Psalmbuches. Es war das Kapitel, das Alessandro schon am Samstagmorgen vor dem Frühstück gelesen hatte.

Der Text war ein Loblied auf den machtvollen Schöpfer. Alessandro predigte etwa zehn Minuten zu diesem Thema. Er endete dann mit dem Schlusswort aus dem Psalm: Alles was atmet, lobe den Herrn – Halleluja.

Petrus hatte sich gerade erneut an das angenehme Sitzkissen gewöhnt, da standen alle wieder auf. Alessandro und die ganze Gemeinde sprachen nun wieder einen vorbereiteten Text. Es hörte sich an wie ein Bekenntnis des gemeinsamen Glaubens. Petrus bedauerte, dass es am Eingang keinen Ablaufplan mit den zu sprechenden Texten gegeben hatte. Dieses Glaubensbekenntnis hätte er wahrscheinlich auch gern mitgesprochen.

Nach dem Bekenntnisgebet blieb die Gemeinde weiter stehen, weil ein Kirchendiener noch allgemeine Bitten für Notleidende und sonstige Kirchenbelange vorgebracht hatte. Nach jedem Gebet sprach dann die Gemeinde die Worte: Christus, erhöre uns.

Erst als der Kirchendiener wieder an seinen Platz ging, setzten sich alle wieder.

Die beiden Jugendlichen, die beim Einzug in die Kirche jeweils eine Kerze trugen, gingen nun durch die Reihen und sammelten Geld für die Kirche. Sie hatten jeder einen Stoffbeutel, an dem unten Glöckchen angebracht waren. Maria kramte schnell in ihrem Täschchen und legte dann einen Geldschein in den Beutel. Petrus hatte sein Vermögen in den Jackentaschen bei sich. Er war froh, dass er auch etwas davon spenden konnte.

Währenddessen die Kollekte gesammelt wurde, brachten die anderen Ministranten einen Krug und eine Schale zu dem Tisch, auf dem die große Bibel lag. Alessandro trat dann zu dem Tisch und leitete die nächste Zeremonie ein. Petrus schaute etwas fragend Maria an. Maria flüsterte ihm zu, dass jetzt das heilige Abendmahl gehalten wird, Christi Körper und Blut werden dabei in Brot und Wein verwandelt. Petrus nickte verständnisvoll, obwohl er nichts verstanden hatte.

Während der Priester und die Gemeinde im Wechselgesang das Abendmahl feierten, erinnerte sich Petrus an das bescheidene Abendessen damals in Jerusalem, das einen Tag vor der Verurteilung und Kreuzigung Jesu stattfand. Jesus als ihr Meister hatte sogar den Jüngern die Füße gewaschen. Er, Petrus, wollte das nicht, aber Jesus hatte ihn dann doch genötigt. Dann hatte Jesus darum gebeten, dass seine Jünger und damit auch alle nachfolgenden Christen ab und zu so ein Abendessen mit Fußwaschung abhalten sollten, und zwar als Gedächtnis an die Sinnhaftigkeit seines Lebens und Sterbens.

Zu den Gebeten erhob sich die versammelte Gemeinde, ein nächstes Mal knieten alle plötzlich in den Bänken, dann standen alle wieder auf. Petrus beugte sich dem Gruppenzwang und beteiligte sich an allen zeremoniellen Elementen. Nur als viele nach vorn gingen, blieb er an seinem Platz stehen. Auch Anna blieb an ihrem Platz. Sie setzte sich sogar, und sie flüsterte Petrus zu, dass sie kurz vor dem Kirchgang noch etwas gegessen hatte und deshalb nicht zur Kommunion gehen könne. Dann kam Maria wieder zu ihrem Platz und kniete sich eine Weile hin. Als schließlich alle wieder ihre Plätze eingenommen hatten, ertönte eine raumfüllende Musik und die Gemeinde sang kräftig mit.

Nachdem Musik und Gesang verklungen waren, blieb die Gemeinde zu einem letzten Gebet stehen, und Alessandro sprach dann noch die Worte: Gehet hin in Frieden, worauf die Gemeinde antwortete: Dank sei Gott dem Herrn.

Alessandro ging nun mit den Ministranten zum Ausgang und die Gottesdienstteilnehmer folgten ihnen recht geordnet. Damit war der Kirchgang beendet. Petrus holte erst einmal unhörbar tief Luft. Er kam sich vor wie ein Fremdling in der modernen Kirche oder einer, der die Veränderungen der christlichen Lehre verschlafen hatte.

Unterwegs zum Auto fragte Maria den schweigsam gewordenen Petrus, wie ihm die Kirche gefallen hätte. Sie meinte damit den Sonntagsgottesdienst in der Kirche. Und Maria hatte längst gemerkt, dass Petrus wahrscheinlich heute das erste Mal einen katholischen Gottesdienst besucht hatte. Petrus sagte nun, dass er die abwechslungsreichen Zeremonien sehr interessant empfunden habe.

Auch Anna war recht still geblieben. Das war eigentlich gar nicht ihre Art. Erst als Maria vor ihrem Eingang hielt, sagte Anna, dass Maria und

Petrus unbedingt am Nachmittag zu ihr kommen sollten. Maria schaute Petrus fragend an, und Petrus sagte, dass er gern mitkommen würde.

Maria war fast zu Hause angekommen, da musste sie plötzlich bremsen. Eine schwarze Katze lief vor dem Auto über die Straße. Obwohl die Katze längst die andere Straßenseite erreicht hatte, fuhr Maria nicht weiter. Petrus schaute sie an und merkte, dass ihr Gesicht blass geworden war. Er sagte zu ihr, dass die Straße doch wieder frei sei. Sie fragte zurück, ob er auch die schwarze Katze gesehen habe. So eine Katze bringe manchmal Unglück. Petrus wollte sie beruhigen und sagte, dass so eine Katze, egal ob schwarz oder weiß, für Menschen ungefährlich sei. Lediglich Mäuse und Vögel müssten sich in Acht nehmen. Maria zögerte noch ein paar Sekunden, dann fuhr sie doch in ihre Garage.

Bevor Maria sich in ihre Gemächer zurückzog, ging sie erst einmal schnell in die Küche, um den Herd einzuschalten, damit der Lammbraten und auch die Rosmarinkartoffeln in der Backröhre schon auf die richtige Temperatur kommen.

Petrus ging zunächst in das Badezimmer um sich frisch zu machen. Er brauchte ein wenig Abstand zu den Ereignissen des Vormittags. In seinem Zimmer angekommen, hing er sein Jackett über die Stuhllehne und legte sich selbst mit ausgestreckten Armen auf sein Bett. Viele Gedanken schwirrten in seinem Kopf.

Er fragte sich, ob die Kirche von Heute wirklich außer Jesus Christus noch andere Fürsprecher brauche. Den Aposteln und den Christen von damals wäre es nie in den Sinn gekommen, verstorbene Glaubensväter oder Propheten wie Abraham oder Jesaja anzurufen. Es war sogar eine große Sünde, wenn Israeliten und Christen die heidnische Praxis des Totenkultes und der Wahrsagerei ausübten. Petrus musste an den König Saul denken. Saul war der erste König in Israel. Eine seiner Amtshandlungen war, dass er im Auftrag Gottes alle Wahrsager und Totenanrufer aus dem Land Israel vertrieben hatte. Allerdings besuchte er später selbst einmal eine Totenbeschwörerin, als er in einer aussichtslosen politischen Lage nicht mehr weiterwusste. Sein wichtigster Berater Samuel war schon verstorben. Die Wahrsagerin sollte für ihn unbedingt den Samuel noch einmal erscheinen lassen. Doch das teuflische Medium, das den Samuel vortäuschte, hatte keine gute Nachricht für den König.

Petrus wollte noch darüber nachdenken, weshalb die modernen Christen in der Sonntagskirche so viele Zeremonien haben. Aber da hörte er schon wie sich das Garagentor öffnete und Alessandros Auto einfuhr.

Und in der Küche rumorte es auch schon. Maria bereitete das Mittagessen so differenziert zu, dass alle Bestandteile zur rechten Zeit auf dem Herd oder in der Backröhre auf den Punkt genau fertig wurden. Auch sie hatte gehört, dass Alessandro nach Hause gekommen war. Deshalb hat sie noch schnell die drei Teller angewärmt und dann alles mitsamt dem in Scheiben geschnittenen Lammbraten auf den Tisch gebracht.

Alessandro rief ein lautes Hallo in den Flur und ging erst einmal in sein Zimmer um sich umzuziehen. Kurze Zeit später saßen dann alle drei am Esstisch. Nach einem Tischgebet von Alessandro erklärte Maria die Details. Sie habe zum Lammbraten Rosmarinkartoffeln im Ofen zubereitet, und wer möchte, könne das Fleisch mit französischem Senf bestreichen oder mit Zitronensaft beträufeln. Die Soße bestehe aus Lammfond mit verschiedenen Gewürzen. Als Gemüsebeilage stehe auch eine Schüssel mit Butterbohnen und Brokkoli auf dem Tisch. Dazu gibt es für jeden noch ein Schälchen mit frischem Feldsalat als gesunde Vitaminzugabe. Dann wünschte sie den Männern einen guten Appetit.

Petrus war wieder mal begeistert. Er erinnerte sich, dass Maria schon am Morgen so fröhlich gesungen hatte. Angesichts des guten Essens, aber nicht nur deswegen, kann man tatsächlich jauchzen und frohlocken und diesen Tag preisen.

Alessandro griff zuerst nach dem Feldsalat. Er sagte, dass die Vitamine sehr appetitanregend seien, sozusagen ein toller Aperitif.

Maria und Petrus bedienten sich auch erstmal am Feldsalat. Dann füllte sich jeder seinen Teller mit allem, was der Tisch zu bieten hatte.

Petrus war neugierig und probierte den französischen Senf in Verbindung mit dem Fleisch. Er stellte fest, dass der Senf eine angenehme Schärfe hatte.

Alessandro brannte nicht der Senf, sondern eine dringende Frage auf seiner Zunge. Er wollte wissen, wie seinem Freund Peter der Gottesdienst in der Kirche gefallen habe. Petrus wollte sich den guten Geschmack des Lammbratens nicht zerreden lassen. Deshalb sagte er nur, dass er die vielen Eindrücke erst gedanklich verdauen müsse.

Dann sagte er, dass er sehr dankbar sei, dass Maria und Anna an seiner Seite waren. Sie hätten ihn über so manches aufgeklärt. Maria sagte dazu, dass sie sofort gemerkt habe, dass Peter wahrscheinlich zu lange in Israel gewesen war, so dass er die Entwicklung und Erneuerung der christlichen Kirche vergessen haben muss.

Während sich Petrus noch etwas Senf auf die Fleischscheibe strich, erhob er den linken Zeigefinger und stellte die Frage, ob sich die Apostel oder Jesus in einem solchen Gottesdienst zurechtgefunden hätten. Man stelle sich nur mal vor, Jesus sei in der Kirche, und der Priester bittet Maria, also die Mutter Jesu, um Fürbitte. Was sollte wohl Jesus davon halten?

Alessandro war erstaunt ob dieser Gedanken. Er meinte, dass das interessante Argumente seien, die unser Freund Peter hier ausspricht. Das müsse er mal mit seinen Amtsbrüdern besprechen. Natürlich brauchte man die Fürbitte von der Mutter Maria nicht, wenn Jesus selbst im Raum wäre. Dann könnte man sich ja direkt an Jesus wenden.

Petrus nickte zustimmend. Er sagte, er habe immer direkt zu dem himmlischen Vater im Namen Jesu gebetet. Durch den heiligen Geist sei doch Jesus Christus immer gegenwärtig.

Es sei doch fatal, wenn gute Christen um den Beistand Verstorbener bitten, die doch nie und nimmer helfen könnten. Das sei doch nur ein mystischer Talisman-Glaube.

Alessandro erwiderte, dass er das nicht so sehe, aber er wolle die Ansichten seines Freundes respektieren.

Maria war inzwischen aufgestanden und holte aus dem Kühlschrank für jeden noch eine Portion Tartufo-Eis. Sie sagte, dass man sich heute zur Feier des Tages auch mal ein gutes Eis gönnen sollte.

Als alle mit dem Essen fertig waren, sagte Petrus, dass er lange nicht so verwöhnt wurde wie in dieser Woche, aber heute sei es besonders üppig gewesen. Und er bedankte sich noch einmal ganz herzlich bei Maria.

Alessandro sagte, dass jetzt wieder Zeit für eine Mittagsruhe wäre. Am Nachmittag müsse er noch ein Gemeindeglied besuchen. Maria erinnerte Petrus daran, dass Anna heute Nachmittag auf sie beide wartet. Petrus wollte höflich sein und Maria beim Abräumen des Tisches behilflich sein, aber Maria wehrte ab und sagte, dass das ihr Job sei, und der Herr Peter solle doch jetzt auch Siesta machen. Sie rufe ihn dann, wenn sie gegen fünfzehn Uhr losfahren wollten.

Im Zimmer angekommen, öffnete Petrus erst einmal das Fenster. Es war wieder sommerlich warm geworden, eben ein richtiger Sonnentag heute am

Sonntag. Dann nahm er die Bibel aus dem Regal und setzte sich in den gepolsterten Lehnstuhl. Er schlug wieder die letzten Seiten auf und las so ein wenig querfeldein.

Da las er in einem Abschnitt etwas von einem Kampf zwischen Erzengel Michael gegen den Drachen, also gegen Satan, den Erzrivalen im Himmel, der gern selbst der Allerhöchste gewesen wäre. Am Ende des Kampfes wird der Drache aus dem Himmel verstoßen. Er bekommt keinen Zutritt mehr zum Thron Gottes. Allerdings treibt er seitdem sein Unwesen auf der Erde. Hier auf der Erde versucht er mit einer Mischung von Wahrheit und Lüge die Menschen zu täuschen. Vor allem geht er gegen die Gläubigen vor, die die Gebote Gottes beachten und das Zeugnis von Jesus Christus haben, also die Menschen, die die Lehren von Jesus Christus selbst ausleben und auch verkündigen.

Petrus erinnerte sich an die Gespräche, die er mit seinem Apostelbruder Paulus in Rom hatte. Sie hatten oft darüber nachgedacht, was wohl alles noch vor dem versprochenen Kommen Jesu passieren könnte. Paulus war der Meinung, dass der Satan alles tun würde, um die christliche Lehre mitsamt den Geboten Gottes zu verfälschen. Er scheint gewusst zu haben, dass aus den von ihm gegründeten Gemeinden Lehrer auftreten würden, die sich von den modernen griechischen Philosophien beeinflussen lassen würden. So würde besonders die Auferstehung Jesu angezweifelt werden.

Petrus schwelgte wieder in alten Erinnerungen, dabei fielen ihm fast die Augen zu. Er hatte gerade das Buch zur Seite gelegt, da klopfte Maria an die Tür. Sie rief ins Zimmer, dass Alessandro bereits unterwegs sei und sie nun auch zu Anna, ihrer Schwester, fahren könnten.

Kurze Zeit später saßen dann beide im Auto und fuhren zu Anna. Maria hatte noch die Reste vom gestrigen Picknick, also von dem Rhabarberkuchen und auch vom Rührkuchen, in passenden Küchenbehältern verstaut.

Anna stand in der Tür und hatte schon auf beide gewartet. Bis zum Nachmittagskaffee war noch etwas Zeit, deshalb wollte Anna den Gästen ihre Erfolge in ihrem Garten zeigen.

Da waren ein paar Beete, auf denen einige Gemüsearten standen. Besonders stolz war Anna auf ihr Kräuterbeet. Hier hatte sie verschiedene Sorten wie Rosmarin, Basilikum, Thymian, Oregano, Liebstöckel und Bohnenkraut gepflanzt. Maria sagte dazu, dass sie Rosmarin und andere Kräuter auch hier ernten darf. Anna zeigte dann noch die Stellen im Garten, wo die verschiedenen Teesorten und auch einige Beerensträucher standen. Und an der Südwand des Hauses war ein Spalier mit fast erntereifen Weinbeeren. Anna erklärte, dass ihr Schwiegersohn gewöhnlich im Frühjahr, wenn er mit seiner Familie hier mal Urlaub macht, den Wein immer sehr schön verschneidet, so dass jedes Jahr eine gute Ernte zu erwarten sei. Sie schneide lediglich manchmal einige neue Triebe und Blätter ab, damit die Beeren immer viel Sonne bekommen können. Das Spalier habe noch ihr Mann angebracht, aber das sei schon viele Jahre her. Inzwischen sei leider auch der Baum in Nachbars Garten so groß geworden, so dass der Wein am Nachmittag kaum noch Sonne bekommt. Maria ergänzte etwas altklug, dass, wo Licht sei, auch der Schatten dazu gehöre.

Petrus hatte sehr aufmerksam zugehört. Er sagte, in den Schattenbereich könnte man eine Bank hinsetzen und darauf dann die Sinne baumeln lassen. So hätte man einen Lichtblick mitten im Schatten. Im Großen und Ganzen sei er sehr beeindruckt von den vielen Anlagen hier in diesem Grundstück.

Anna sagte, dass sie sich auch sehr wohl fühle in ihrem kleinen Naturgarten. Das sei schon ein Vorgeschmack auf das zukünftige Paradies. Nun aber müssten sie doch ins Haus gehen, es wäre Zeit für den Nachmittagskaffee. Dabei zeigte sie auf den hinteren Hauseingang, und kurz darauf saßen Maria und Petrus schon in der Küche am Esstisch. Von hier konnten sie auch in den Garten schauen. Anna setzte den Kaffee an und Maria packte ihren Kuchen auf einen größeren Teller.

Beim Kaffeetrinken unterhielten sich die beiden Frauen über einige Kirchenbesucher, also wer beispielsweise gefehlt hätte. Und wie passend oder unpassend so manche angezogen in die Kirche gehen würden. Maria sagte dazu, dass ihr Chef in seiner priesterlichen Kleidung auch wieder eine stattliche Figur abgegeben habe. Er sei genau der Richtige für die ganze Kirchgemeinde. Zu Petrus gewandt fragte sie, wie er über den Kirchenbesuch denke und was er empfinde. Petrus hob leicht belehrend seinen rechten Zeigefinger und sagte, dass er es schön empfunden habe, wie die Jugendlichen und auch die Mädchen und Frauen mit in den Kirchenablauf integriert worden seien. Die Kirche sei schon immer ein Mehrgenerationenhaus gewesen. Auch für Ausländer und Andersdenkende stehe die Tür zur Gemeinde immer offen, denn bei Gott seien alle Menschen gleich wertvoll.

Allerdings wundere er sich über die vielen Zeremonien. Es bestehe wohl die Gefahr, dass man das Evangelium zu sehr in Formen presst, und dass man sich dann als guter Christ fühle, wenn man die Form beherrsche. Er wolle aber niemanden seinen echten Glauben absprechen. Schließlich sei es der Alltag, in dem Christen selbstbewusst und zu Gottes Ehre ihren Glauben ausleben, ohne Pflichtgefühl, aber mit Herzenswärme. Und dabei zeigte er abwechselnd auf Maria und Anna und lobte ihre fürsorgliche Nächstenliebe.

So viel Lob war den Frauen peinlich, und Anna begann sogleich, das Kaffeegeschirr und den Kuchen abzuräumen. Sie sagte zu Petrus und Maria, sie sollten doch schon in das Wohnzimmer gehen, dort könnten sie sich noch einige Bilder ansehen.

Petrus machte es sich in der Sofaecke bequem, während Maria noch ein wenig die Bilder an der Wand anschaute, wobei sie immer wieder auch zum Fenster hinaus auf die Straße blickte. So, als wenn sie es geahnt hätte, kam Alessandro mit dem Auto gefahren und stellte seinen Wagen hinter den von Maria. Maria lief schnell zum Flur und rief Anna zu, dass soeben unser Pfarrer gekommen sei. Daraufhin ging Anna gleich zur Haustür, um Alessandro in Empfang zu nehmen.

Alessandro setzte sich im Wohnzimmer zu Petrus auf das Sofa, Maria und Anna nahmen auf den Sesseln hinter dem Couchtisch ihren Platz ein. Anna fragte sofort, ob sie Alessandro einen Cappuccino anbieten dürfe. Alessandro bejahte, aber er wollte keinen Kuchen dazu.

Kurze Zeit später brachte Anna schon den Kaffee, sie hatte auch ein paar von ihren Mandelkeksen auf die breite Untertasse gelegt.

Alessandro erzählte, dass er eine Familie aus der Gemeinde besucht habe. Die Tochter des Hauses hatte mit ihren achtundzwanzig Jahren endlich die große Liebe ihres Lebens gefunden. Nun wollte sie gern heiraten, allerdings war ihr Partner schon vor fünf Jahren aus der Kirche ausgetreten. Da musste Anna unbedingt ihren Kommentar dazu geben. Sie sagte, dass so etwas früher nicht vorgekommen wäre. Aber heute sei eben alles anders. Viele haben eben nicht mehr die festen Wurzeln in der heiligen Kirche. Es ist, als ob eine Wühlmaus die Wurzeln abnagt. Und sie wollte gerade von einem Baum im Garten erzählen, da fragte Petrus dazwischen, ob denn bekannt sei, warum der Freund von der Tochter ausgetreten wäre. Alessandro sagte, dass er nächsten Sonntag wieder mit der Tochter verabredet sei, und da würde ihr

Freund auch dabei sein. Da könnte er vielleicht vorsichtig das Thema ansprechen.

Nun wurde wieder über Gott und die Welt gesprochen, über Weltpolitik und über das Wetter, über Krankheiten und über die Ärzte. Zwischendurch meldete sich Elisabeth, die Tochter von Anna, über das Smartphone mit Bildkontakt. Anna zeigte schnell das Bild ihrer Tochter in die Runde und erklärte dann ihrem Kind, wer alles im Zimmer anwesend war. Dann gab es ein gegenseitiges Zuwinken, und Maria rief ihrer Nichte zu, sie solle doch bald wieder mal Rom besuchen. Elisabeth freute sich, dass ihre Mutter Gesellschaft hatte und den Sonntag nicht allein verbringen musste. Dann sagte sie, dass sie mit ihrer Familie demnächst eine Woche Urlaub machen würden, dann, wenn die Kinder Herbstferien hätten. Da wollten sie auch ein paar Tage in Rom sein. Annas Gesicht erhellte sich und sie sagte, dass sie sich sehr auf das Wiedersehen freue. Besonders ihre Enkel wolle sie wieder mal bei sich haben. In dem Moment winkten auch ihre zwei Enkel durch das Telefon und grüßten ihre Oma. Mit Handküsschen auf beiden Seiten wurde dann das Gespräch beendet.

Anna sagte, sie habe lange nicht so einen schönen Sonntag gehabt. Und ihre Gäste müssten unbedingt noch zum Abendbrot bleiben. Sie wolle ein paar belegte Brote zubereiten. Maria sagte dazu, dass Widerstand wahrscheinlich zwecklos wäre. Aber sie wolle gern in der Küche mit aushelfen.

Anna verschwand still und heimlich aus dem Zimmer. Sie ging schnell in den Garten und holte frische Blätter für den Tee. Aus grüner Minze, Pfefferminze und Zitronenmelisse wollte sie ein Cocktail brühen. Von der grünen Minze nahm sie die doppelte Menge, weil der Geschmack dann lieblicher würde.

Maria hatte die Situation erkannt und ging dann ebenfalls in die Küche. Anna holte eine Tischdecke aus dem Schrank und legte sie im Wohnzimmer auf den Couchtisch. Dieser Tisch war sogar höhenverstellbar; Anna konnte die Tischplatte circa zwanzig Zentimeter hochkurbeln. Maria hatte inzwischen für jeden schon Teller und Teegläser bereitgestellt. Schnell wurde ein Ciabattabrot aufgeschnitten und die Scheiben teils mit Frischkäse, teils mit Putenlachsschinken belegt, jeweils auf einem kleinen Salatblatt.

Als alles auf dem Tisch war, schaute Anna zu Alessandro und sagte zu ihm, er solle doch noch ein Dankgebet sprechen. Da reichte Alessandro seinen Nachbarn die Hand und ebenso machten es auch die anderen, so dass sich der Kreis schloss. Dann begann Alessandro ein Tischlied zu singen:

„Alle guten Gaben, alles was wir haben, kommt o Gott von dir. Dank sei dir dafür.“

Dann wurde der Text wiederholt und alle vier sangen nun dieses Lied. Am Ende sang Alessandro noch ein langgezogenes Amen.

Nachdem Anna die Teegläser gefüllt hatte, sagte Petrus, dass er diese Runde sehr schön und lustig finde. Wer viel und gerne singt, der ist ein fröhlicher Mensch. Maria ergänzte: Wo man singt, da lass dich ruhig nieder, böse Menschen haben keine Lieder. Alessandro wusste, dass diese Volksweisheit von einem deutschen Dichter stamme, der das mal in etwa so formuliert hatte.

Anna ermunterte ihre Gäste, das Essen nicht zu vernachlässigen. Auch ein gutes Essen mache fröhliche Leute. Petrus sagte, dass seine Geschmacksnerven jubeln bei diesen tollen Brötchen. Und der heiße Tee würde Körper und Geist und das ganze Gemüt angenehm erwärmen.

So verlief das Abendessen bei guter Unterhaltung weiter, bis Maria zum Aufbruch mahnte. Sie müsse noch einiges zu Hause erledigen. Alessandro beschwichtigte sie jedoch und meinte, morgen sei auch noch ein Tag. Da fiel ihm plötzlich ein, dass er morgen eine Trauerfeier auszurichten habe. Er müsse ja noch die Agenda für die Aussegnung in der Trauerhalle ausdrucken. Er habe zwar das Konzept schon entworfen, aber er müsse wahrscheinlich noch ein paar kleine Änderungen vornehmen.

Anna sagte, dass Veränderungen das einzig Beständige im menschlichen Alltag seien. Diese Weisheit habe ihr verstorbener Mann manchmal in scherzhafter Weise gesagt.

Alessandro bedankte sich bei Anna für den Nachmittag und das sehr gute Abendessen, und verabschiedete sich dann doch noch recht schnell. Maria half jetzt Anna beim Abräumen des Geschirrs. Dann hat sie noch ihre Schwester zum Abschied umarmt und winkte Petrus zu, dass er kommen solle. Als Petrus sich ebenfalls verabschieden wollte, wurde er von Anna plötzlich auch umarmt. Sie sagte zu ihm, dass sie sich sehr gefreut habe, dass der Herr Peter heute auch da war. Maria hatte die Szene mit lächelnder Miene beobachtet, und Petrus sagte etwas verlegen, dass ihm der Tag auch sehr gut gefallen habe.

Maria hatte es plötzlich sehr eilig. Mit leicht überhöhtem Tempo fuhr sie nach Hause. Sie wollte wahrscheinlich ihren Chef nicht zu lange allein lassen. Petrus war diese schnelle Fahrweise von Maria nicht gewöhnt. Er sagte zu ihr, sie solle doch etwas langsamer fahren, dann bekäme sie mehr von der schönen Landschaft mit. Maria erwiderte, dass sie diese Gegend wie ihre eigene Rocktasche kenne. Aber für ihren Mitfahrer hat sie dann doch die Geschwindigkeit gedrosselt. Zu Hause angekommen trafen sie noch Alessandro im Flur. Alessandro sagte, dass er jetzt in sein Arbeitszimmer gehe. Er habe am Nachmittag einige Anrufe bekommen, die müsse er erst einmal abarbeiten.

Petrus ließ sich von Maria noch ein Glas Mineralwasser geben. Sie gab ihm auch gleich die ganze Flasche mit auf sein Zimmer. Petrus sagte zu Maria, dass er heute so viel erlebt habe, da müsse er noch mal über vieles nachdenken. Deshalb wolle er sich für heute schon mal zurückziehen. Maria hatte gemerkt, dass ihr Herr Peter Probleme mit dem Kirchenzeremoniell hatte. Sie sagte deshalb zu ihm, er solle sich nicht so viel Gedanken machen, es würde schon alles seine Richtigkeit haben. Aber insgeheim wollte sie selbst darüber nachdenken, wie sich im Laufe der Zeit Lehre und Leben der ersten Christen von den heutigen kirchlichen Traditionen unterscheiden.

Petrus hatte sich nun in seinem Zimmer bequem in den Sessel fallen lassen. Er atmete erleichtert auf, obwohl das Tagesgeschehen doch überwiegend schön war. Besonders eben auch der Nachmittag bei Anna. Ihm fiel ein Zitat von dem König Salomo ein, der einmal gesagt hatte: Alles hat seine Zeit. Petrus ergänzte für sich dieses Zitat mit den Worten: Alles hat seine Zeit, zum Beispiel Kirchenbesuch hat seine Zeit, Essen und Trinken hat seine Zeit, Lesen und Unterhaltung hat seine Zeit, Umarmen und Abstand halten hat seine Zeit, Schlafen und Wachsein hat seine Zeit und auch Ruhen hat seine Zeit. Dabei schlug er die Hände über dem Kopf zusammen und streckte seine Glieder so gut er konnte, wobei er sehr ausgiebig gähnen musste. Seine Beine waren müde und überhaupt sehnte sich der Körper nach Schlaf. Aber sein Kopf war noch aktiv.

Petrus musste noch einmal über das nachdenken, was er in der Mittagspause von dem Erzengel Michael gelesen hatte, also von dem kosmischen Kampf im heiligen Himmel, als der Drache den Thron des Allerhöchsten einnehmen wollte. Schließlich konnte Michael dann doch den mächtigen Drachen, also den Satan, besiegen und ihn aus dem Himmel stoßen. Was aber wäre, wenn der Satan gewonnen hätte? Petrus wollte nicht über das Chaos nachdenken, das dann entstanden wäre. Aber leider wurde der Satan nicht sofort eliminiert, ihm wurde lediglich der Zutritt zum heiligen Himmel verboten. Und leider kann er nun sein Unwesen auf der Erde treiben.

Petrus wollte gerne über andere Dinge nachdenken. Er stand auf und öffnete das Fenster, um wieder mal frische Luft zu atmen. Dann wollte er in das Badezimmer gehen, aber Maria war im Flur und hatte ihn abgepasst. Sie sagte zu ihm, dass sie noch etwas Obst aufgeschnitten habe und er solle doch mit in die Küche kommen.

Maria hatte zwei Äpfel geschält und in kleine Stücke geschnitten. Man solle ja vor der Nacht den Magen nicht mehr belasten, sagte sie, aber heute könnte man mal eine Ausnahme machen. Im Fernsehen käme nichts, was sie interessieren würde, und zum Schlafengehen sei es wohl noch zu früh. Nebenbei sagte sie, dass die Äpfel aus Annas Garten seien. Also bat sie Petrus, doch noch etwas von Israel zu erzählen.

Und so berichtete Petrus einige Erlebnisse von seiner Studienreise durch Israel, wie er zu Fuß gewandert ist von Kapernaum bis nach Jerusalem. Maria hörte anfangs noch gespannt zu, aber nach einer Stunde etwa sagte sie, dass sie jetzt doch müde geworden sei. Die Berichte seien sehr interessant und man könnte meinen, der Herr Peter wäre damals leibhaftig mit dem Jesus von Nazareth unterwegs gewesen. Petrus schmunzelte nur und sagte, dass es nun doch langsam Zeit sei schlafen zu gehen. Er bedankte sich noch für das frische Obst und wünschte eine gute Nacht.

Petrus ging dann gleich in das Badezimmer und anschließend legte er sich sofort in sein Bett. Das viele Erzählen hatte ihn auch müde gemacht, er schlief also relativ schnell ein.

Irgendwann in der Nacht hatte er einen seltsamen Traum. Er sah den heiligen Himmel und zwar den Bereich, in dem der Engelfürst Michael mit seinen Engeln residierte. Ein heiliger Glanz ging von ihm aus. Der Bereich war zur Erde hin mit fast unsichtbaren Gitterstäben abgegrenzt. Durch die Gitterstäbe konnten zwar die Engel hindurchgehen, aber fremde Wesen kamen nicht in diesen himmlischen Bereich.

Wenn Petrus wach gewesen wäre, hätte er wahrscheinlich Gänsehaut und Schweißausbrüche zur gleichen Zeit bekommen, denn an den Gitterstäben klammerte sich ein Drache und wollte unbedingt in den himmlischen Bereich eindringen. Der Drache machte sich dünn wie eine Schlange, aber es gelang ihm trotzdem nicht. Dann nahm er eine prächtige Engelsgestalt an und wollte so wie die anderen Engel hindurchgehen. Als ihm das auch verwehrt wurde, fing er an zu schreien. Er rief mit so lauter Stimme, dass sogar die Erde bebte: Michael, du Sohn des Allerhöchsten, du hast verloren. Ich habe dich besiegt. Die Menschen auf meiner Erde glauben nicht mehr an dich. Ich bin der oberste Fürst dieser Welt. Ich habe den Gelehrten Beweise geliefert, dass die Erde schon viele Milliarden Jahre alt ist und alles durch Zufall sich entwickelt hat. Keiner glaubt mehr, dass du Himmel und Erde in sechs Tagen gemacht hast. Niemand befolgt mehr deine Gebote, die der Allerhöchste in Stein geschrieben hat, sondern meine Philosophien durchdringen alle Kulturkreise. Selbst deine treuesten Anhänger haben mein verändertes Gesetz angenommen und meinen, dir zu dienen.

Ich habe ihnen gesagt, sie können weiter an dich glauben, wenn sie nur ein paar Kompromisse eingehen, denn der Allerhöchste ist doch ein liebender Gott und wird am Ende alles gutheißen.

Als der prächtige Engel endlich eine Atempause machte, erhob sich Michael und ging auf ihn zu. Er hauchte nur ein wenig gegen den Drachen, und dieser war plötzlich nicht mehr zu sehen.

In dem Moment wachte Petrus nun doch noch schweißgebadet auf. Er konnte dann lange nicht mehr einschlafen. Zuviel ging ihm jetzt durch den Kopf. Er musste aufstehen und zum Fenster hinausschauen. Beim Licht des abnehmenden Mondes konnte er beobachten, wie sich die Bäume ein wenig im Wind hin und her bewegten. Ein klarer Sternenhimmel war zu sehen. Petrus musste an den alten Abraham denken, als Gott ihm die Sterne erklärte und ihm sagte, dass seine Nachkommen auch so zahlreich sein würden. Dann dachte er an die Fragen, die Gott an Hiob stellte, ob dieser zum Beispiel den Gürtel des Orion lösen oder das Siebengestirn zusammenbinden könne.

Beim Einatmen der frischen Nachtluft hatte sich Petrus wieder beruhigt. Bevor er sich aber wieder hinlegte, kniete er vor dem Bett nieder und betete, dass der Herr doch bald kommen möchte. Mit dem Gruß der ersten Christen betete er wieder: Maranata – unser Herr komm.

Nach dem Aufwachen am Morgen hatte sich Petrus vorgenommen, den Traum aufzuschreiben. Aber so sehr er sich auch anstrengte, die Traumerlebnisse waren so gut wie weggeblasen. Er dachte an Nebukadnezar, den großen König von Babylon, der hatte auch einen ganz wichtigen Traum über die Weltgeschichte und konnte sich am Morgen an nichts mehr erinnern. Damals war es der

Prophet Daniel, der dem König sowohl den Traum als auch die Deutung sagen konnte.

Petrus blieb dann noch eine Weile liegen, sein Gefühl sagte ihm, dass er noch ein paar Minuten entspannen könne.

Tag sechs – Alltag mit Abschied

Petrus hörte ein paar leise Schritte im Flur. Er erkannte, dass es Maria war, die schon wieder frühzeitig in die Küche ging. Das war für ihn das Signal endlich aufzustehen. Er ging zum Fenster, um es zu öffnen. Da sah er gerade noch im Blickwinkel, wie Alessandro ein paar Freiübungen machte. Nach Bein- und Armkreisen machte er dann noch einige Kniebeuge. Hier zählte Petrus mit. Am Ende waren es genau zwölf Kniebeuge. Petrus bewunderte seinen Freund Alessandro. Warum machte er gerade zwölf Kniebeuge? Vielleicht dachte er an die zwölf Stämme Israels, oder dass Zwölf eine besondere Zahl im Reich Gottes ist.

Petrus wartete noch bis Alessandro seine Übungen beendet und dann auch anschließend das Badezimmer verlassen hatte. Jetzt konnte er sich auch für den heutigen Tag zivilisieren.

Insgeheim nahm er sich aber vor, heute Vormittag noch sein Erscheinen in Rom zu beenden.

Alessandro und Petrus kamen dann etwa gleichzeitig in die Küche. Es gab wie üblich ein freundliches Hallo. Maria hatte alles für das Frühstück vorbereitet.

Beim Essen erzählte Alessandro dann sein Tagesprogramm: Um elf Uhr Trauerfeier; am Nachmittag dann eine Dienstbesprechung mit seinen Amtsbrüdern. Dabei gehe es um die Vorbereitung einer Audienz beim Statthalter des Großmeisters. Die Besprechung könne übrigens sehr lange dauern.

Maria fragte daraufhin Petrus, ob er für heute einen Wunsch hätte. Vielleicht könnten sie im Zentrum von Rom wieder shoppen gehen oder irgendetwas anderes unternehmen.

Aber Petrus winkte ab. Er wolle heute einmal ganz für sich sein und am Flussufer spazieren gehen. Sie sollten nicht böse sein, wenn er heute nicht mehr wiederkomme. Maria fragte ganz entsetzt, wo er denn hingehen wolle. Petrus sagte etwas melancholisch, dass er heute wieder dorthin gehen müsse, wo er hergekommen sei. Maria schaute nun ihren Alessandro mit großen Augen an und meinte, er solle doch auch etwas sagen. Aber Alessandro beschwichtigte Maria und sagte, dass unser Freund Peter alt genug sei für seine Entscheidungen. Vielleicht plane er wieder eine lange Reise. Er würde sich aber auch freuen, wenn Peter bald mal wiederkäme.

Als Maria den Frühstückstisch abräumte, stand auch Alessandro auf und verabschiedete sich von

Petrus. Er sagte, er müsse noch einige Vorbereitungen für die Beerdigung treffen und er wolle dann rechtzeitig in der Aussegnungshalle sein. Mit einem kräftigen Händedruck wünschte er Petrus weiterhin Gesundheit unter dem Segen des großen Gottes. Dann fasste er Petrus bei den Schultern und flüsterte ihm zu: Mach's gut mein Bruder.

Petrus antwortete etwas verlegen und sagte, dass es ein Segen war, hier so ein gastfreundliches Haus gefunden zu haben. Er werde sie beide nicht vergessen und er hoffe, dass man sich spätestens irgendwann nach dem Auferstehungstag wiedersehe.

Petrus fragte Maria, ob sie ihm ein Blatt Papier und einen Stift geben könne, er wolle noch ein paar Dinge notieren. Sie holte einen Block Briefpapier und Stift und gab Petrus beides. Dann ging sie etwas fassungslos aus der Küche. Sie hatte insgeheim gehofft, dass vielleicht aus Peter und ihrer Schwester Anna ein Paar werden könnte.

In seinem Zimmer angekommen, setzte sich Petrus an den Tisch um ein paar Zeilen an Maria und Alessandro zu schreiben. Er hatte sich schon am Vorabend einige Gedanken gemacht, die er nun zu Papier bringen wollte.

Zuerst schrieb er an Maria:

Meine mir lieb gewordene Maria,

in den vergangenen Tagen hast du mich in deiner Herzensgüte immer freundlich begleitet. Kein böses Wort, keine Vorhaltungen, kein Murren sind aus deinem Munde gekommen. Immer konnte ich mich auf dich verlassen. Deine Dienste und deine Kreativität im Hause Alessandros sind von unschätzbarem Wert. Du hast in deinem Leben das Richtige gemacht. Danke auch für die stets wunderbare und köstliche Verpflegung.

Ich wünsche dir weiterhin viel Frohsinn und Gesundheit. Du brauchst in Zukunft vor schwarzen Katzen keine Angst zu haben; ebenso wenig vor irgendwelchen Geistern, an die manche gern als Fürsprecher in allen möglichen Situationen glauben oder sogar deren Bilder und Skulpturen verehren.

Unser Fürsprecher ist allein der Christus, der Sohn des lebendigen Gottes. In seinem Namen dürfen und können wir den Allerhöchsten anbeten und auch um Beistand bitten.

In diesem Leben ist nun mal alles befristet. Deshalb glauben wir an den unbefristeten ewigen Gott und an seinen Sohn, der einmal Himmel und Erde für die Kinder Gottes neu machen wird.

In diesem Glauben umarme ich dich. Dein lieber Gast und Freund Peter.

Petrus faltete das Blatt so zusammen, dass die Schrift innen war. Er schrieb dann auf die Deckseite: Für Maria.

An Alessandro schrieb er Folgendes:

Mein lieber Freund und Bruder Alessandro, meine Studienzeit in Rom ist nun abgelaufen. Dank deiner Hilfe habe ich viele Einblicke in die gegenwärtige Christenheit bekommen.

Du hast mich in dein Haus aufgenommen, ich durfte dein Gast sein und auch an deinem Alltag teilhaben. Dafür möchte ich dir herzlich danken. Es hat mich sehr gefreut, dass du in der Malteservereinigung aktiv bist und somit weltweit christliche Nächstenliebe praktizierst.

Du hast die Regeln der Kirche studiert, hast Verantwortung übernommen und manche Entbehrungen auf dich genommen.

Als Ergänzung deiner Studien möchte ich dir das Jesajabuch empfehlen. Darin wird gewissermaßen das ganze Evangelium schon einige Jahrhunderte vor dem Erscheinen des Messias beschrieben. Jesaja beschreibt auch am Ende seines Buches den Zustand und auch das Fehlverhalten der Gläubigen zur letzten Zeit.

Im Laufe der vergangenen Jahrhunderte hat sich eine Dominanz der römischen Kirche entwickelt. Dabei haben sich meines Erachtens so manche

Dinge eingeschlichen, die vom Evangelium nicht vorgesehen waren. Du wirst bei deinen weiteren Studien sicher selbst erkennen, welche Lehren und Praktiken biblisch fundiert sind.

Lieber Alessandro, ich bin nur ein Hobbytheologe, aber einer, der das Leben und die Lehre von Jesus studiert hat. Wenn ich der Oberbischof der christlichen Kirche wäre, würde ich allen Christen empfehlen, sich wieder neu an der urchristlichen Lehre zu orientieren und auch so ein entsprechendes Leben führen, wie es zum Beispiel die Sabbatisten heute noch tun. Ich wünsche dir weiterhin viel Weisheit und Barmherzigkeit bei all deinem Tun und Studieren.

Zum Abschluss noch ein gutes Wort von dem alten Propheten Jesaja, das er im Auftrag Gottes gesprochen hatte:

Wahrt das Recht und übt Gerechtigkeit, denn mein Heil ist nahe. Wohl dem Menschen, der dies tut, der den Sabbat hält und nicht entheiligt und nichts Arges tut.

Maranata - dein Freund und Bruder Peter.

Petrus schrieb dann auf das zusammengefaltete Blatt: Für meinen lieben Bruder Alessandro.

Dann legte Petrus seine Hände auf die beiden Blätter so, als ob er sie segnen möchte. Dazu sprach er ein Gebet, indem er Gott für diese Zeit im Hause Alessandros dankte, und er wünschte, dass Gott das Haus und die zukünftige Arbeit Alessandros mit seinem Segen begleiten möge.

Petrus nahm nun die Sachen, die er nicht mehr brauchte, und legte sie auf das Bett:

Das Smartphone, die Geldbörse mit dem Restgeld, seine Tasche und auch die gekauften Anziehsachen. Auf die Sachen legte er noch ein Blatt Papier mit der Bitte, diese der Kleiderkammer zuzuführen. Nur seine Flatcap wollte er mitnehmen.

Maria machte sich indes große Sorgen wegen ihres Gastes. Als sie hörte, dass Petrus auf den Flur kam, ging sie schnell hinzu und wollte ihn überreden, wenigstens noch zum Mittagessen dazubleiben. Aber Petrus lehnte dankend ab, dann zog er Maria zu sich und umarmte ihren Kopf und flüsterte ihr noch zu: Danke für alles, und liebe Grüße an Anna.

Zum Glück war es im Flur zu finster, so dass Maria nicht erkennen konnte, dass Petrus wieder seine alten Sachen angezogen hatte. Sie hätte ihn sonst nicht gehen lassen.

Dann war es endlich soweit. Petrus verschwand leicht winkend zur Haustür. Draußen atmete er erst einmal tief durch und ging dann gemächlichen Schrittes zu der Bank am Fluss, auf der er zu Beginn seines Auftauchens schon gesessen hatte. Er blieb noch ein paar Minuten sitzen, dann legte er seine Flatcap neben sich - und ward nicht mehr gesehen.

Nachwort

Das war die Geschichte von Simon Petrus, der inkognito als Peter Schimonon für ein paar Tage in Rom des 21. Jahrhunderts aufgetaucht war. Natürlich nur fiktiv, als Gedankenspiel.

Die freien Gedanken lassen es zu, dass sich jeder seine eigene Fortsetzung, seine eigenen Schlussfolgerungen bilden kann. Die beiden Abschiedsbriefe an Maria und Alessandro können dazu Impulse auslösen, die vielleicht auch zur eigenen weiteren Persönlichkeitsentwicklung beitragen. Peter Schimonon hätte sicher nichts dagegen.

-.-.-.-.-.-.-.-.-.-.-